◆本書で扱っている進路先提出書類の分類

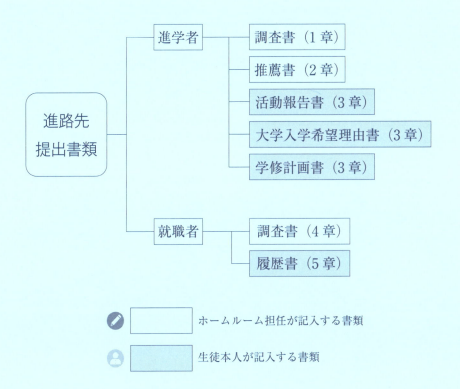

ホームルーム担任が記入する書類

生徒本人が記入する書類

高等学校
調査書・推薦書
記入文例&指導例

活動報告書・大学入学希望理由書・
学修計画書から就職者用履歴書まで

担任学研究会＝編

＜本書編集上の確認事項＞

　本書の編集にあたっては、各章とも次の①から③を共通ルールとして作成した。確認の
上で活用してほしい。

①　序章及び各章の冒頭の解説で記載された「2018 年版学習指導要領」や『見直し予告
（通知）』『見直し予告の改正（通知）』で示された改訂のキーワードはフォントを変えて表
記した。

②　「総合的な学習の時間」は、平成 31 年度の入学生からは「総合的な探究の時間」と名
称が変更になる。それを踏まえ、混乱を避けるため、通知等の引用及び当該校の科目名を
除き「総合の時間」と表記した。

③　各項目で示した記入文例は、あくまで参考例である。各学校、各生徒の実態に応じて
変更し、活用していただきたい。

はじめに

　上級学校に進学するにせよ、就職するにせよ、高校生は卒業すれば現実の社会に一歩を踏み出すのである。社会の一員としての自覚が求められる一方、社会の見方も「社会人」としての扱いとなる。民法（成年年齢関係）が改正され、令和4年（2022年）4月1日から施行される。3年生は18歳の誕生日を迎えたそのときから「成人」になる。学校においては、これまで以上に「社会人」を念頭においた指導が必要になってくる。

　さて、高等学校では、ホームルーム活動や総合的な学習（探究）の時間のみならず、教科指導や行事においても、ふだんからキャリア教育の視点に立って指導を積み重ねてきている。それらの教育活動がそれぞれの個性や適性、能力、さらには将来性にも気づかせ、生徒自身の能力開発の営みに寄与している。なかでも、ホームルーム担任（以下、本書では「担任」と表記）は、直接的にその活動を支援し、指導することが使命である。特に最終学年においては、生徒が次のステージに向かって、意欲的にその一歩が踏み出せるよう、具体的な活動を励まし勇気づける一方で、調査書や推薦書の作成、生徒が準備する応募関係書類の作成や受験に関する指導を丹念に行う責務がある。

　全ての教師が、生徒の人生に関わる大事な仕事に携わっているとの認識に立って、生徒が公正かつ最適な選考が受けられるよう準備し、指導しなければならない。文部科学省が、受け入れ先である大学や企業に対しても、送り出し側である高等学校に対しても、調査書や応募書類について、統一的な様式と記載内容の基準を提示しているのは、こうした考えに立つからである。

　調査書は、高等学校生徒指導要録（以下、本書では「指導要録」と表記）に基づいて作成することになっている。また、上級学校への進学に用いられる調査書は、文部科学省から通知される『大学入学者選抜実施要項』で示される様式と記入上の注意事項を参考に作成することになっている。

　平成29年（2017年）7月に『平成33年度大学入学者選抜実施要項の見直しに係る予告について（通知）』（以下、本書では『見直し予告（通知）』と表記）が発出された。この通知で示された見直し内容は、主として2点、「大学入学者選抜に係る新たなルールの構築」と「調査書や提出書類等の改善」で

3

ある。この『見直し予告（通知）』については、平成30年（2018年）10月に『平成33年度大学入学者選抜実施要項の見直しに係る予告の改正について（通知）』（以下、本書では『見直し予告の改正（通知）』と表記）が発出され、内容が一部改正された。本書はその見直し点を踏まえて改訂したものである。今回示された主なポイントについては、序章の2に整理してまとめた。

しかし、その後の新型コロナウイルスの影響等により、大学入試のスケジュールに関しては変更も予想される。最新の入試情報については、文部科学省ホームページ等で確認してほしい。

なお、令和4年（2022年）度から年次進行で実施される次期学習指導要領（以下、本書では「2018年版学習指導要領」と表記）の改訂に合わせた令和7年（2025年）度以降の大学入試については、令和3年（2021年）以降に発出される通知等で確認する必要がある。

文部科学省が「2018年版学習指導要領」の実施及び指導要録の改訂に先行して調査書の見直しを行うのは、「2018年版学習指導要領」の趣旨の早期実現と高大接続改革への対応が喫緊の課題だからである。早急に受験生の学力を多面的・総合的に評価する入試へと改善したいという強い思いが読み取れる。そのため今回の予告でも、調査書のみならず、推薦書や志願者本人が記載する「活動報告書」「大学入学希望理由書」「学修計画書」を積極的に活用するよう、大学に求めているのである。

上記の点を踏まえて、本書の改訂にあたっては、その構成を大幅に変更した。これまでは「進学者用調査書」「就職者用調査書」「就職者用履歴書」の3章構成であったが、今回は「進学者用推薦書の記入例」「志願者本人の記載する資料等の指導例」の章を加え、「活動報告書」「大学入学希望理由書」「学修計画書」の指導例も掲載した。各章冒頭の解説とともに、それを踏まえた作成のポイントや具体的な指導について参考にしていただきたい。いずれも、専門学校の応募書類の作成や指導にも応用できる内容である。なお、就職者用調査書や履歴書の様式は今回は変更されないが、「2018年版学習指導要領」の趣旨を踏まえて記入文例を見直した。こちらも参考にしていただきたい。

本書が進学・就職を問わず、全ての生徒の進路選択と公正で最適な選考に寄与することを願っている。

序章　基礎編

1. 調査書とは何か ………………………………………… 10
(1) 調査書作成の根拠
(2) 調査書作成の原則
(3) 指導要録の様式等の改訂と学習評価
(4) 調査書等の電子化

2. 大学入試はどう変わるのか ………………………… 14
(1) 令和2年(2020年)度からの大学入試の見直し
(2) 調査書等、提出書類の見直し
(3) 調査書等、提出書類の作成にあたって
コラム　どこにいくのか「大学入試改革」……………… 22

第1章　進学者用調査書の記入例

1. 記入にあたって ………………………………………… 24
(1) 調査書様式の改訂の概要
(2) 記入のポイントと留意点

2. 記入の実際 ……………………………………………… 29
(1) 氏名、学校名等
(2) 各教科・科目の学習の記録
(3) 各教科の学習成績の状況、全体の学習成績の状況
(4) 学習成績概評、成績段階別人数
(5) 総合的な学習(探究)の時間の内容・評価 　記入文例
(6) 特別活動の記録 　記入文例
(7) 指導上参考となる諸事項 　記入文例
(8) 備考
(9) 出欠の記録
(10) 作成年月日、記載責任者職氏名等
コラム　「問いかけ」で生徒の世界が変わる ………… 80

第2章　進学者用推薦書の記入例

1. 推薦書について ………………………………………… 82

✏️ **2. 記入のポイントと留意点〜推薦書の書き方7ヵ条〜**―――――83

*推薦書　記入のチェックポイント――――――87

3. 記入例 記入文例 ――――――88

人文系学部志望生徒の推薦文／国際系学部志望生徒の推薦文／法学部志望生徒の推薦文
理工系学部志望生徒の推薦文／看護系学部志望生徒の推薦文／教育系学部志望生徒の推
薦文／体育・スポーツ系学部志望生徒の推薦文／芸術系学部志望生徒の推薦文

コラム　クラウド型学習支援システムについて――――――104

👤 # 第3章　志願者本人の記載する資料等の指導例

Ⅰ　活動報告書

1. 活動報告書について――――――106

2. 指導のポイントと留意点――――――107

（1）様式について

（2）記入内容の指導のポイント

（3）記入上の留意点

*活動報告書　記入のチェックポイント――――――111

3. 指導例 記入文例 ――――――112

＜学校内＞
ホームルーム活動の活動報告書／生徒会活動の活動報告書／学校行事の活動報告書／部活
動の活動報告書／授業等での活動の表彰・顕彰等の活動報告書

＜学校外＞
ボランティア活動の活動報告書／各種大会やコンクールの活動報告書／留学・海外経験の活
動報告書／地域活動の活動報告書

＜その他＞
課題研究等の活動報告書／資格・検定等に関する活動報告書

Ⅱ　大学入学希望理由書

1. 大学入学希望理由書について――――――138

2. 指導のポイントと留意点――――――139

*大学入学希望理由書　記入のチェックポイント――――――143

3. 指導例 記入文例 ――――――144

法学系志望生徒の大学入学希望理由書／経営学系志望生徒の大学入学希望理由書／心理

系志望生徒の大学入学希望理由書／獣医学系志望生徒の大学入学希望理由書／薬学系志望生徒の大学入学希望理由書／医学系志望生徒の大学入学希望理由書／体育・スポーツ系志望生徒の大学入学希望理由書／芸術系志望生徒の大学入学希望理由書／国際系志望生徒の大学入学希望理由書／理工系志望生徒の大学入学希望理由書／看護系志望生徒の大学入学希望理由書／教育系志望生徒の大学入学希望理由書／家政系志望生徒の大学入学希望理由書／情報系志望生徒の大学入学希望理由書

Ⅲ　学修計画書

1. 学修計画書について ————————————————————172

2. 指導のポイントと留意点 ————————————————173
（1）様式について
（2）記入内容の指導のポイント
＊学修計画書　記入のチェックポイント ———————————————177

3. 指導例 [記入文例] ————————————————————178
人文科学系志望生徒の学修計画書／社会科学系志望生徒の学修計画書／自然科学系志望生徒の学修計画書／工学系志望生徒の学修計画書／医療系志望生徒の学修計画書／芸術系志望生徒の学修計画書／体育系志望生徒の学修計画書
コラム　「アドバイスカード」を携行させよう ————————————192

✏ 第4章　就職者用調査書の記入例

1. 記入にあたって ————————————————————194
（1）様式について
（2）記入のポイントと留意点

2. 記入の実際 ———————————————————————195
（1）氏名、学校名等
（2）学習の記録
（3）特別活動の記録 [記入文例]
（4）出席状況
（5）身体状況
（6）本人の長所・推薦事由等 [記入文例]
（7）記載者
（8）作成年月日
コラム　高校生が取れる資格いろいろ ————————————————214

第5章　就職者用履歴書の指導例

1. 履歴書について ————————————————————————————————216
　(1) 様式について
　(2) 指導のポイントと留意点

2. 記入の実際 —————————————————————————————————218
　(1) 作成年月日
　(2) 写真
　(3) 氏名、現住所、連絡先
　(4) 学歴・職歴
　(5) 資格等
　(6) 趣味・特技、校内外の諸活動
　(7) 志望の動機
　(8) 備考
　＊履歴書　記入のチェックポイント ————————————————————225

3. 志望の動機の指導例 記入文例 ————————————————————226
機械系志望生徒の動機欄／製造業志望生徒の動機欄／事務職志望生徒の動機欄／販売業
志望生徒の動機欄／接客業志望生徒の動機欄／営業職志望生徒の動機欄／介護職志望生
徒の動機欄／建築業志望生徒の動機欄
　コラム　担任学研究会について ——————————————————————242

付録

ネガ・ポジ用語／文例用語集
1. ネガ・ポジ用語 ————————————————————————————————244
2. 文例用語 ———————————————————————————————————250

●折込資料
ひと目でわかる書類記入要領
・「進学者用調査書」記入要領
・「就職者用調査書」記入要領
・「就職者用履歴書」記入要領

序章

基礎編

1. 調査書とは何か

（1） 調査書作成の根拠

　大学等に進学を希望する生徒は、選抜試験の出願の際に、大学等から調査書の提出を求められる。また、就職希望の生徒の場合も、出願書類に調査書が含まれる。その根拠はどこにあるのだろうか。

　中学校が作成する調査書については、「学校教育法施行規則」の第78条第1項に「校長は、中学校卒業後、高等学校、高等専門学校その他の学校に進学しようとする生徒のある場合には、調査書その他必要な書類をその生徒の進学しようとする学校の校長に送付しなければならない」と定められている。

　中学校では、この規則に基づいて、高等学校等の入学選抜の際に調査書を作成し提出している。つまり、調査書の作成、提出は、上記の法的根拠に基づいて行われている訳である。しかし、「学校教育法施行規則」の高等学校の章には調査書についての記載はなく、第78条の準用も含め、調査書については触れられていない。

　高等学校長が進学を希望する大学に当該生徒の調査書を提出することを定めているのは、文部科学省高等教育局長が各都道府県知事及び各都道府県教育委員会教育長宛に発出している「○○年度大学入学者選抜実施要項について（通知）」という通知である。また、その通知には調査書の様式が添付され、併せて「調査書記入上の注意事項等について」の説明が付記され、作成の原則及び記入方法の詳細が示されている。高等学校の調査書については、この通知に基づいて作成されているのである。この通知は、各都道府県教育委員会等を通して、高等学校長に送付される。

（2） 調査書作成の原則

　文部科学省の通知で示されている調査書作成の原則は次の通りである。
　① 　調査書は、指導要録等に基づいて示された様式により作成すること。
　　　ただし、様式の枠の大きさや文字の大きさは任意である。

② 調査書は、個人的主観にとらわれたり、特別の作為を加えたりすることがないように作成すること。

③ 調査書は、ホームルーム担当教員等が原案を作成し、関係教員をもって組織した調査書作成に関する委員会の審議を経て、高等学校長が作成し、その責任において、大学に提出すること。

④ 調査書は、日本工業規格 A4 判の上質紙とし、表裏の両面を使って作成すること。なお、**令和 3 年度入試より枚数は任意となる。**

調査書は指導要録に基づいて作成するのが原則であるが、卒業学年は調査書の作成が先である。卒業学年の担任は、学年当初から指導要録記入のための資料を計画的に収集し、その資料を活用して調査書を作成する。成績一覧表や生徒個人カードを整理・点検し、記入に備えておく。同僚教員からの情報収集の仕方なども、学年担任団で確認しておくと直前に慌てずにすむ。

卒業学年の夏季休業前に、関連項目について生徒にアンケート調査を実施し参考にすることもできる。忌引日数や欠席日数の確認とともに、教科・科目の評定（1 学年と 2 学年を含む）を記入させ、各教科及び全体の「**学習成績の状況（令和 3 年度の調査書から表記変更）従来の評定平均値**」の計算方法を説明し、各自で計算させると、夏季休業中の学習目標の設定にも役立ち、進路意識を高めることにつながる。

調査書作成に関する委員会では、成績段階別人数を確認する。教育課程が異なる類型がある場合には類型別、専門教育を主とする学科の場合には科別の段階人数を記入するので、その点を踏まえて確認する。また大学からの要請に対応できるよう、学習成績概評がⒶに該当する生徒については、全体の学習成績の状況、特別活動の記録等を確認し個別に審議する。

(3) 指導要録の様式等の改訂と学習評価

前述の通り、調査書は指導要録に基づいて作成する。したがって、学習の記録も特別活動の記録も「総合の時間」の内容や評価も、指導要録作成の基

本的な考え方を拠り所にして作成しなければならない。高等学校における現在の学習評価や指導要録作成に関する基本的な方針は、文部科学省が平成22年（2010年）5月に発出した通知に示されている。

　今後、高等学校では令和4年（2022年）度から、「2018年版学習指導要領」が年次進行で実施される。それにともなって、指導要録も令和4年度に入学する生徒から教科・科目の変更を含め、記載内容や様式等が変更になる。今回の改訂でも、『学習評価の在り方』は引き続き重要ポイントである。その方針を周知するため、文部科学省は平成31年（2019年）3月に、初等中等教育局長通知として『児童生徒の学習評価及び指導要録の改善等について（通知)』を都道府県教育委員会等に発出した。

　通知では、学習評価の主な改善点として次の4点を示した。

① 　各教科等の観点別学習状況の評価を3観点（「知識・技能」「思考・判断・表現」「主体的に学習に取り組む態度」）に整理して示したこと。

② 　「主体的に学習に取り組む態度」については、知識及び技能を獲得したり、思考力、判断力、表現力を身に付けたりすることに向けた粘り強い取り組みのなかで、自らの学習を調整しようとしているかどうかを含めて評価することとしたこと。

③ 　学習評価の結果の活用に際しては、観点別学習状況の評価と評定の双方の特長を踏まえつつ、その後の指導の改善等を図ることが重要であることを明確にしたこと。

④ 　特に高等学校における各教科・科目の評価については、観点別学習状況の評価と評定の両方について、目標準拠した評価として実施することを明確にしたこと。

　その上で、観点別学習状況の評価を充実する観点から、指導要録に観点別学習状況の評価の記入欄を設けると通知した。

　教員の負担軽減のため指導要録の簡素化にも着手、参考様式が示された。参考様式では、小中高の「総合所見及び指導上参考となる諸事項」欄を縮小し、「要点を箇条書きにするなど、その記載事項を最小限にとどめる」として

いる。また、高等学校では「特別活動の記録」の文章記述欄を廃止し、代わって「ホームルーム活動」「生徒会活動」「学校行事」について、各校が設定した観点で、「十分満足できる活動の状態」と判断すれば〇印を記入するとした。さらに、通知表の内容が指導要録の「指導に関する記録」を満たせば、「様式を共通のものとすることが現行の制度上も可能」と明記された。

　いずれにしても、文部科学省からの通知を見極め、各校では、校務の効率化とともに、「2018年版学習指導要領」への準備を進めなければならない。

(4)　調査書等の電子化

　これまで今後の課題として挙げられていた「調査書等の電子化」に向けた準備が具体的に動き出している。情報通信技術の進歩により、調査書の作成のみならず、出願や関係書類の送付等にも活用が拡大する見通しである。

　文部科学省では、令和元年（2019年）度から「大学入学者選抜改革推進委託事業」において、電子調査書を用いた実証事業を行っており、『令和2年度大学入学者選抜実施要項』では「大学と高等学校が個別に合意した場合には、上記（紙媒体の調査書を指す）に代えて別紙様式に記載すべきこととされている事項を全て電磁的に記録した調査書（電磁的記録による調査書）の提出を高等学校に求めることができる」としている。

　また、文部科学省からは、「2022年度に実施される全ての大学の全ての入試区分において、委託事業における検証結果等を踏まえつつ、原則として電子調査書を用いることを目指す」との方針が示されている。

　まずは、令和4年（2022年）度入試に向けて、各校が電子調査書の導入に対応できる体制を作っていかなければならない。

2. 大学入試はどう変わるのか

（1） 令和2年（2020年）度からの大学入試の見直し

　今次の大学入試改革を推進してきた「高大接続システム改革会議」の基本認識は、次のようなものである。

　グローバル化の進展、人口減少、経済社会や就業構造の変化等々、新たな時代に向けて国内外に大きな社会変動が起こっている。このような先の見通せない時代への転換期にあって、これからを生きる上で求められる資質・能力もまた大きく変わってきている。その資質・能力の育成に向けて、学校教育が重視すべきものこそ、次の「**学力の3要素**」である。

　⑴　十分な**知識・技能**

　⑵　それらを基盤にして答えが一つに定まらない問題に自ら解を見いだしていく**思考力・判断力・表現力**等の能力

　⑶　これらの基になる**主体性を持って多様な人々と協働して学ぶ態度**

（高大接続システム改革会議「最終報告」より）

　※なお、本書では「学力の3要素」を『見直し予告（通知）』で使用している「**知識・技能**」「**思考力・判断力・表現力**」「**主体性を持って多様な人々と協働して学ぶ態度**」と表記していく。

　小中学校については、この「学力の3要素」による指導の改善が進み改革の成果が上がってきているとされる。しかしながら、高等学校や大学では十分浸透せず、知識の伝達にとどまる旧態依然とした授業が見受けられる。そこで、高等学校教育、大学教育の改革を推し進めると同時に、高等学校と大学の両者をつなぐ大学入学者選抜（大学入試）をも一体的に改革していく、というものである。

　令和2年（2020年）度からの大学入試は、「学力の3要素」を多面的・総合的に評価する形に改善していく大学入試改革への一歩を踏み出すためのも

のであると位置づけられよう。

　これまでのような「知識の暗記・再生や暗記した解法パターンの適用の評価」に偏った入試から、「思考力・判断力・表現力」や「主体性を持って多様な人々と協働して学ぶ態度」までも評価できるよう、「大学入試センター試験」に代わる「大学入学共通テスト」の導入を始め、個別大学における「一般・推薦・AO入試」など、全ての大学入試を見直していくことになったのである。

　もちろん、この改革は、令和4年（2022年）度から実施される「2018年版高等学校学習指導要領」につなげる役割も担っていると考えてよいだろう。したがって、この高等学校学習指導要領で教育を受けた生徒が受験することになる令和6年（2024年）度以降の大学入試では、更なる本格的な見直しが予定されている。

　なお詳細は、『見直し予告（通知）』や「大学入学共通テスト実施方針」及び「同（追加分）」を丁寧に参照していただきたい。ただし、これら通知等が発出された後の令和元年（2019年）11月と12月に、「大学入学共通テスト」の主要事項の実施見送りが発表された。このことを踏まえて、以下「大学入試はどう変わるか」の概略だけを記述するが、今後の各機関からの正式発表には十分注意を払っていく必要がある（詳細については、「コラム」に記載）。

【1】　大学入学共通テスト（以下「共通テスト」）

① 　令和3年（2021年）度入試から実施。現行の「センター試験」は廃止。
② 　「知識・技能」の評価も行いつつ、「思考力・判断力・表現力」を中心に評価を行う。
③ 　「国語」「数学Ⅰ」「数学Ⅰ・数学A」については、マークシート式問題に加え、記述式問題を出題。→「記述式問題」の導入は見送り
④ 　「英語」は「認定試験」（大学入試センターが認定した資格・検定試験）を活用する。→「認定試験」の活用は見送り

【2】 個別大学における入試

① 入試区分は、名称と日程を変更する

名　　称	日　　程
一般入試 → 一般選抜	実施：2月1日〜3月25日（2月1日〜4月15日） 合格発表：3月31日まで（4月20日まで）
AO入試 → 総合型選抜	出願：9月以降（8月以降）合格発表：11月以降
推薦入試 → 学校推薦型選抜	出願：11月以降（変更なし）合格発表：12月以降

（　　　）内の日程は、令和元年までのものである。

② 「学力の3要素」を多面的・総合的に評価する入試に転換する。

③ これまでのAO入試や推薦入試では、大学教育を受けるために必要な「知識・技能」「思考力・判断力・表現力」の評価が不十分であったとして、「総合型選抜」では、これまで記載されていた「知識・技能の修得状況に過度に重点をおいた選抜とせず」の記述を削除。また、「学校推薦型選抜」では、同じく「原則として学力検査を免除し」の記述を削除した。

④ 「総合型選抜」「学校推薦型選抜」では、「知識・技能」「思考力・判断力・表現力」も評価するため、調査書等の出願書類だけでなく、各大学が実施する評価方法（※1）か「共通テスト」のうち、**少なくともいずれか一つは必須化**される。

※1　小論文、プレゼンテーション、口頭試問、実技、各教科・科目に係わるテスト、資格・検定試験の成績など

---

⑤ 「一般選抜」では、「主体性を持って多様な人々と協働して学ぶ態度」を評価するために、調査書や志願者本人が記載する資料等（※2）の積極的活用を大学に促す。これらをどのように活用するのかについては、各大学が募集要項等に明記する。

　各大学は、受検生に英語の試験を課す場合、4技能を総合的に評価す

るよう努める。

> ※2 エッセイ、面接、ディベート、集団討論、プレゼンテーション、各種大会や顕彰等の記録、総合的な学習の時間などにおける生徒の探究的な学習の成果等に関する資料や面談など

⑥　各大学は、「知識・技能」「思考力・判断力・表現力」を的確に評価するため、「共通テスト」の積極的な活用を図るとともに、例えば、国語を中心に記述式問題の導入・充実に向けて取り組む。

(2)　調査書等、提出書類の見直し

「学力の3要素」を多面的・総合的に評価することが今次の大学入試改革の中心だが、特に「主体性を持って多様な人々と協働して学ぶ態度」をどのように評価するかは課題である。

そこで『見直し予告（通知）』では、生徒「一人一人が積み上げてきた大学入学前の学習や多様な活動等に関する評価の充実」のためとして、調査書や提出書類等の在り方を見直した。そして、「総合型選抜」「学校推薦型選抜」はもちろんのこと、「一般選抜」においてもその活用の実質化を大学側に強く求めている。

大学入試における調査書や提出書類の記述そのものが、確実に重視されるようになったといってもよいだろう。その趣旨を高等学校側も深く理解し、記載に当たっては、生徒の活動履歴等の正確な把握が求められるのである。

ここでは、「調査書」「推薦書」「志願者本人の記載する資料等」の見直し事項の概略を記述する。詳細は、本書の各項目を参照していただきたい。

【1】　調査書

調査書の見直しの大きなポイントは、「指導上参考となる諸事項」の欄の拡

充と、枚数制限の撤廃である。

　高等学校側が、生徒の特徴や個性、多様な学習や活動の履歴を十二分に表現し、それを大学側が活用して「学力の３要素」の評価の充実にもつなげるということである。

【2】　推薦書

　「学力の３要素」を多面的・総合的に評価するため、各大学は、「学力の３要素（知識・技能、思考力・判断力・表現力、主体性を持って多様な人々と協働して学ぶ態度）」に関する記載を必ず求めることとなった。

　すなわち、記載する高等学校側では、生徒の学習や活動の成果を「学力の３要素」を踏まえて記載しなければならないこととなる。

【3】　志願者本人の記載する資料等

①　活動報告書

　　○各大学は、高等学校までの学習や活動の履歴を把握できるよう、例えば、以下のような内容の記載を志願者本人に求める。

　　　　・「総合的な学習の時間」等で取り組んだ課題研究など

　　　　・学校の内外で取り組んだ活動

　　　　　　生徒会活動、部活動、ボランティア活動、専門高校の校長会や民間事業者等が実施する資格・検定等、その他生徒が自ら関わってきた諸活動、各種大会・コンクール等、留学・海外経験等、特色ある教育課程を実施する学校における学習活動等

　　○特に「総合型選抜」「学校推薦型選抜」では、この資料に関するプレゼンテーション等によって積極的に活用する。

　　○芸術系など、実技に関して評価を行う場合には、必要に応じてこの資料を積極的に活用する。

②　大学入学希望理由書・学修計画書

　　○各大学は、志願者本人に対して、「入学希望理由」「入学後に学びたい

内容・計画」「大学卒業後を見据えた目標」等を記載させる。

○特に「総合型選抜」「学校推薦型選抜」では、この資料に関するプレゼンテーション等によって積極的に活用する。

○芸術系など、実技に関して評価を行う場合には、必要に応じてこの資料を積極的に活用する。

基礎編

志願者本人が記載する資料のイメージ

過去	現在	未来
活動報告書 ・高等学校までの　学習や活動の履歴		**学修計画書** ・入学後に学びたい内容と計画 ・大学卒業後を見据えた目標
	大学入学希望理由書 ・その大学への入学を希望する理由	

（3）　調査書等、提出書類の作成にあたって

【1】　生徒への指導

　これからの大学入試は、学校内外での生徒の活動がこれまで以上に評価される仕組みとなっていく。このことは、入学前及び入学後の活動記録を早い時期から残していくことが求められることを意味する。同時に、長期にわたる記録の蓄積を続ける意味もある。

　また、人生の岐路となる大学受験では、事務的なミスも許されない。したがって、生徒への指導のポイントとしては以下のようなことが考えられる。

①　入学後すぐの段階から、小中学校時代の「活動の振り返り」を促し、ポートフォリオの形で記録を集めさせる。

　　・学校行事での役割

・部活動の内容

・取得資格の正式名や取得年月日

・合格した検定試験の正式名や合格年月日

・ボランティアの内容と期間等

② 高等学校入学後の活動履歴をポートフォリオの形で残していく。

このことは、自己の成長過程を省察させ、「18歳成人」に向けた更なる成長へとつなげる貴重な機会ともなるだろう。

③ 各大学の「アドミッション・ポリシー」を調べさせる。

この過程で、「選ばれる」立場から、自分に相応しい大学を「主体的に選ぶ」立場へと変貌することも期待できる。

・どのような入学者を求めているのか

・何をどう評価するのか

④ 調査書・提出書類を生徒に事前開示して確認させる。

記載内容の正確性を求めて、封緘する前の書類を生徒自身と確認する作業が必要になってくるだろう。管理職の承認と学年各担任との共通理解を求めていく必要もある。

⑤ 書類発行上の諸注意を徹底させる。

・調査書等の有効期限（一般的に3ヶ月）

・発行に要する時間

・手数料の有無（卒業生など）

【2】 校内体制

主に担任が行う生徒の学習や活動の記録は、意識的に収集しなければ貴重な蓄積情報にはならないが、担任一人が収集できる範囲には限界もある。そのため、教職員の協力体制は不可欠である。

また、「指導上参考となる諸事項」の項目箇所に詳細な記述を求められ、枚数も「無制限」となった調査書の作成には、今まで以上の時間が費やされることが予想される。早め早めに作成上の課題をクリアしておき、間違いのな

い発行ができる校内体制づくりも課題となる。

　さらに、大学によっては、「主体性を持って多様な人々と協働して学ぶ態度」を中心にして、調査書を得点化して入試に活用することを表明しているところもある。

　このような状況にあって、調査書作成に向けた教職員の協働的な体制づくりのポイントとしては、以下のようなことが考えられる。

① 調査書記載に当たっての校内共通理解

　より充実した記載内容を模索するため、「どのような内容」を「どのくらい」記載するか。様式はどのような形で統一するかなど、管理職及び教員間での共通理解を求める。

② 生徒に関する多様な情報収集を行う体制

　・生徒本人からの第一次情報

　・進路指導部、教科担当者、部活動顧問、養護教諭、司書等からの情報

　・保護者面談等で得られる情報

③ 情報の蓄積のための校内整備

　・ポートフォリオの導入

　・ポートフォリオへの教職員の共通理解

④ 各書類の発行上の注意を生徒に徹底する体制

⑤ 書類発行に向けた事務職員との協働と確認事項

　・発行手順

　・発行までの時間

　・授受記録の作成

1.「こう変わる」はずだった

　平成2年（1990年）から31回つづいた大学入試センター試験が廃止され、令和3年（2021年）度入試から「大学入学共通テスト」が始まります。

　この新入試の実施に際しては、国語・数学に「記述式問題」を導入することと、英語に民間の「資格・検定試験」を活用するという二つの柱がありました。マークシート方式と併用しながらも、従来では測れなかった資質・能力を評価するのが目的です。

2.　問われたのは「公正・公平性」

　この二つの柱には早くから批判の声が上がっていました。英語民間試験は、受験生の居住地域や家庭の経済力の格差が確実に影響すること。記述式問題は、50万人を超える受験者の答案を等しく正確に採点することが短期間で可能なのかということ。つまり、一部の受験生への不利益が予想されることへの批判でした。こういった「公正・公平性」の担保ができないことは、競争試験にあっては致命的な問題です。受験生本人の努力では補えないものだからです。

3.「見送りは延期 or 中止？」　今後の動きに常に注目！

　当事者である高校生までもが改善を求めるなか、令和元年（2019年）に文部科学大臣はその対応について相次いで発表しました。

　・11月1日「大学入試英語成績提供システム」導入見送り

　・12月17日「国語及び数学での記述式問題」導入見送り

　そして今後については、「大学入試のあり方に関する検討会議」を開き、令和2年（2020年）末を目途に結論を出すとしています。

　まだまだ揺れ動く「共通テスト」。今後、毎年度当初に公表される「実施要項」からは目が離せません。

第 ① 章

進学者用調査書の記入例

1. 記入にあたって

（1） 調査書様式の改訂の概要

　『見直し予告（通知）』により、調査書の様式が変更された。これまでの調査書様式からは、かなり大きな変更である。「なぜ、このような変更がなされるのか」という点に関しては「序章」の「2. 大学入試はどう変わるのか」で述べたので、以下には『見直し予告（通知）』に基づいて、その概要を記述する。

【1】 「指導上参考となる諸事項」の各学年の欄を6分割

　調査書の見直しの大きなポイントは、「指導上参考となる諸事項」の欄の拡充である。この欄を6分割することによって、生徒の特徴や個性、多様な学習や活動の履歴をこれまで以上に高等学校側が表現でき、大学側も「学力の3要素」に基づいた評価の充実が図れるということである。

　6分割の内容は以下の通りである。

---

　① 各教科・科目及び総合的な学習の時間の学習における特徴等

　② 行動の特徴、特技等

　③ 部活動、ボランティア活動、留学・海外経験等

　④ 取得資格・検定等

　⑤ 表彰・顕彰等の記録

　⑥ その他

　なお、大学が上記以外の学習や活動の履歴等を用いる場合は、記載方法等を募集要項等に具体的に記入することとなっている。

【2】 調査書様式は、A4判・上質紙、表裏の両面を使って作成

　これまでの調査書は「表裏1枚」となっていたが、今回の改訂で「枚数は任意」となったため、事実上、枚数制限が撤廃されることとなった。「指導上

参考となる諸事項」の欄の拡充とともに、「より多様で具体的な内容が記載されるようにするため」、各高等学校の判断による弾力的な記載を可能にしたわけである。

すなわち、「A4判、表裏」との規定は残しつつ、「各欄の大きさ」も枚数も「無制限」となったと言える。

【3】 「評定平均値」の呼称を「学習成績の状況」に変更

これまでの「評定平均値」は、「評定」を量的に単純平均したものであり、目標に準拠した評価とは異なり、あくまでも学習成績を全体的に把握する上での一つの目安である。したがって、こうした値のみが重視されることは、各教科・科目の評価やその他の要素のきめ細かな評価を軽視することにもつながる、との理由である。

【4】 各大学が実施要項に明記すること、及び明記できる内容

① 調査書や志願者本人記載の資料等を「どのように」活用するかを募集要項に明記すること。

② 各高等学校の学校運営方針及び学校設定教科・科目等の内容や目標等に関する情報を、各大学が必要に応じて提供を求めることができる旨、実施要項に明記すること。

③ 教科・科目を指定して、単位修得や一定水準以上の評定の獲得を出願要件等として求めることができること。

④ 特定の分野（例：保健体育、芸術、家庭、情報など）で、特に優れた学習成果を上げたことを調査書の「備考欄」に記載するよう求めることができること。

【5】 必履修教科・科目の未履修があった場合の調査書について

　この取り扱いは、①「平成19年度大学入学者選抜における調査書の取り扱い等について（通知）」（平成18年11月2日付け18文科高第427号文部科学省高等教育局長・文部科学省生涯学習政策局長通知）より前に高等学校を卒業した者及び中途退学をした者、及び②「平成20年度大学入学者選抜における調査書の取り扱い等について（通知）」（平成19年12月21日付け19高大振第66号文部科学省高等教育局大学振興課長・文部科学省生涯学習政策局生涯学習推進課長通知）に該当する者に係るものとする。

⑴　未履修教科・科目の「評定」の欄については空白とする
　　（なお、「修得単位数の計」については、記載すること）。
⑵　「各教科の学習成績の状況」の欄及び「全体の学習成績の状況」の欄については、未履修教科・科目を除いて算定した数値を記入すること。
⑶　「備考」の欄については、下記内容を記載すること。
　　①　未履修教科・科目名
　　②　未履修は、生徒の責に帰すべき事由によるものではないこと。
　　③　学習成績の状況は未履修科目を除いて算定していること。

【6】 調査書等の電子化の在り方について

　「大学入学者選抜改革推進委託事業」において、電子調査書を用いた実証事業が進められている。本書13ページ「⑷ 調査書等の電子化」の項でも触れたように、令和4年（2022年）度の全ての入試で電子調査書を用いる方針も打ち出している。

　ただ、「令和2年度大学入学者選抜実施要項」では、大学と高等学校が個別に合意した場合には、「電磁的に記録した調査書の提出を高等学校に求めることができる」とされている。

(2)　記入のポイントと留意点

　調査書は生徒の進路に関わる重要な資料であり、言うまでもなく細心の注意を払って作成しなければならない。以下にその留意すべき点をあげておく。

① 　調査書を複写して用いる場合は、校長名、記載責任者の職・氏名は複写後にゴム印で記入してもよい。その際は、元版は空欄にしておく。

② 　人権尊重の精神を徹底し、指導要録の記載事項をそのまま転記するのではなく、文言等には教育的な配慮を行う。

③ 　転記ミスを避けるため、必要な箇所については、記入または入力時点から複数で点検する。パソコンを用いて作成する場合は、成績等の入力段階から点検手順を学校全体で定め、その手順にしたがって確実に入力、点検を実施する。

④ 　「総合的な学習（探究）の時間の内容・評価」「特別活動の記録」「指導上参考となる諸事項」及び「備考」の記入文体は「である」体で統一する。

⑤ 　記載内容を訂正した場合は、訂正箇所に校長の印を押印し、欄外に加除字数を表示する。紙を貼り足した場合は、校長の印で割印する。

⑥ 　二学期制の学校では、総合型選抜への出願や就職試験の応募の時期に3学年前期の成績が間に合わないことも予想される。調査書発行に支障が生じないよう、例えば7月に成績がでるような仕組みづくりが求められる。

⑦ 　指導要録の記入作成においてもパソコンが使用される時代になっている。それにともなって、調査書も指導要録からデータを取り込んだり、「指導上参考になる諸事項」等の欄には改めて入力したりすることも増えている。パソコンの活用は業務が効率的に進められる一方で、それに起因する事故も発生している。調査書の誤記入等の事故は、学校に対する信頼を根底から揺るがす。入力後は必ず複数回の点検を義務付けるなど、作成作業のガイドラインを設定し、確実に手順を踏むことを肝に銘じたい。

⑧ 　卒業見込みの段階で作成する調査書には、例えば「2学期末のものであ

る」等の記載を忘れないようにする。また、学年末には速やかに最終決定した成績や出席日数等に修正しておく。その際、学習成績の状況や成績段階別人数の修正も忘れないようにする。卒業後の最終的な調査書であることを踏まえ、点検作業は複数人で確実に行う。

⑨　各大学への出願が同時期であるため、調査書の発行時期も重なる。手渡す際には、間違いが生じないよう細心の注意を払う。例えば、窓付きの封筒を使うなどの工夫も一案である。

　個人情報の保護が厳しく求められている時代である。調査書のなかには、氏名とともに現住所をはじめ、教科・科目の成績等の個人情報が詰まっている。セキュリティは最大の課題である。厳重な管理と情報収集や情報提供の際の慎重な取り扱いを常に心がけるよう念を押したい。

2. 記入の実際

(1) 氏名、学校名等

※	※	※	※
1. ふりがな 氏　名	平成　年　月　年　生	性別	現 住 所	都道　　　市 府県　　　区 町村　丁目　番　号

学 校 名	国立 公立 私立	高 等 学 校 中等教育学校 特別支援学校 （　分　校）	平成 令和　　年　　月	入学・編入学・転入学 （第　　学年）
全・定・通		普通・専門（　・　）・総合	平成 令和　　年　月　卒業見込	卒　　業

　この欄には、氏名、生年月日、性別、現住所、学校名、課程・学科の別、入学時の日付、卒業等の日付を記入する。

　上段※印欄は、大学において必要な事項を記入するための欄とし、高等学校では記入しない。この欄は必ず用意する。

【1】　氏名、性別、現住所の欄

1. ふりがな 氏　名	がく　じ　　いち　ろう 学　事　一　郎 （平成）○　年　4　月 23 日生	性　別 男

現 住 所	都道　　　　市 ○　○　府県　○　○　区 ○　○　町村　○　丁目　○　番　○　号

　「氏名」「現住所」に係る欄は、必要事項を記入するとともに、該当項目を○で囲むか、該当項目のみを直接記入する。

《記入上の注意等》

① 調査書の全ては、指導要録に基づいて作成する。

　　したがって、調査書を記入する時点において、転居や町名変更等による住所変更の処理が正確に行われている必要がある。

　　生徒の届け忘れも考えられるため、調査書の記入前に、現住所等記入に当たって必要な項目は、生徒または保護者に確認をしておく。

② 調査書は、文部科学省から出されている様式にしたがって、各学校で用紙を作成することになる。その際、各学校の実情に沿って、調整してもよい。例えば、住所で「区」のない地域や、番地表示が異なる地域などは、実情に合わせて削除したり、調整したりすればよい。

③ 氏名にゴム印を用いる場合は、インクでにじまないことを必ず確認する。

④ 性別の欄は「男」または「女」を記入する。印刷であらかじめ、男女を印刷しておき○をつける方法は、絶対にしないこと。

【2】　学校名、課程・学科、入学・卒業等の日付の欄

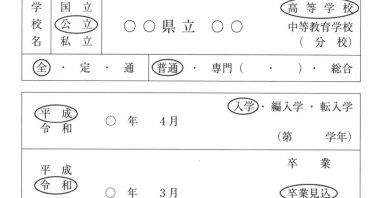

「学校名」に係る欄は、必要事項を記入するとともに、該当項目を○で囲む。

編入学及び転入学の場合は、その学年を（　　　）内に記入する。

専門教育を主とする学科については、農業、水産、工業、商業、家庭、音

楽等の別及び各科別を、例えば工業に関する学科の機械科の場合（工・機械）のように（　　）内に記入する。

　学年による教育課程の区分を設けない全日制、定時制及び通信制の課程においては、「学年」を「年度」と読み替える。

《記入上の注意等》

①　学校名の欄の（国立・公立・私立）の別は該当項目を○で囲む。あらかじめ、印刷で○を入れておいてもよい。

②　学校名は、各学校であらかじめ印刷しておくとよい。

　　また、○○県立○○高等学校、学校法人○○学園○○高等学校など、国立、公立、私立の設置者がわかるように正確に書く。

③　（全日制・定時制・通信制）の別及び（普通科・専門教育を主とする科・総合学科）の別は該当項目を○で囲む。あらかじめ、印刷で○を入れておいてもよい。

④　入学・卒業等の欄の「平成・令和」「入学・編入学・転入学」「卒業・卒業見込」の別は該当項目を○で囲み、年と月を記入する。

（2） 各教科・科目の学習の記録

　「各教科・科目等の学習の記録」の欄は、高等学校在学中の全学年について、次のように記入する。

2. 各教科・科目等の学習の記録													
教科・科目		評　定				修得単位数の計	教科・科目		評　定				修得単位数の計
		第1学年	第2学年	第3学年	第4学年				第1学年	第2学年	第3学年	第4学年	
教科	科目						教科	科目					
							総合的な学習の時間（探究）						
							留　　　　学						
							自　立　活　動						
							計						

【1】　「教科・科目」の欄

　教科名及び科目名は、指導要録に基づいて記入する。

　「教科・科目」の欄については、各学科に共通する（普通教育に関する）各教科・科目、主として専門学科において開設される（専門教育に関する）各教科・科目の別が明確に区分されるように記載する。

　留学については、「総合的な学習（探究）の時間」の欄の下の空欄に「留学」と記載する。

　自立活動については「総合的な学習（探究）の時間」の欄の下の空欄に「自立活動」と記載する。

空欄不足の場合は、紙を貼り足してもよい。

《記入上の注意等》

① 　教科・科目の順番は、指導要録の教科・科目の順と同じにしておく。

② 　各学校であらかじめ教科・科目を印刷したものを用いると便利である。その際、各教科の境目の線は太めの線にしておくと見やすくなる。

③ 　専門学科において「総合の時間」の全てを「課題研究」等の履修によって代替したことにより、「総合の時間」を履修していない生徒については、当該欄に斜線を引く。

【2】 「評定」の欄

　評定値は5、4、3、2、1の5段階で表示する。

　卒業見込みの者で、最終学年の成績が未決定である場合には、当該学年における直近の成績を総合し、高等学校として判定した成績を、最終学年の成績として記入する。

　大学入学資格検定試験又は高等学校卒業程度認定試験合格科目を、高等学校の各教科・科目の単位を修得したものとみなした場合は、「評定」の欄にそれぞれ「大検」又は「高卒認定」と記入する。また、「学校間連携」や「技能審査」などで認定された単位については、指導要録の記入の仕方に準ずる。

　学校設定科目の記載についても指導要録の記入の仕方に準ずる。

　学年による教育課程の区分を設けない全日制、定時制及び通信制の課程においては、「学年」を「年度」と読み替える。

《記入上の注意等》

① 　2学期の終業式よりも前に発行する場合は1学期末までのものを成績とし、3学期に発行する場合は2学期末までのもの（1、2学期を総合したもの）を成績とする。

② 　この欄の記入については、特に細心の注意を払う必要がある。記入した

後は、他の担任と交換して点検をしたり、互いに読み合わせをして点検をするなど、複数の目で点検するのがよい。

③　パソコン等を利用する場合にも、機械を過信せず、入力などの人為的ミスも含めて、点検を丹念に行うことが必要である。

＊留学に係る評定について

外国の高等学校の発行する成績や在籍、科目履修に関する証明書またはその写し（高等学校長が原本と相違ないことを証明したもの）を添付する。

評定の記入はしない（評定の欄は斜線を記入）。

留学に関する記述は「7.　指導上参考となる諸事項（3)」の欄に記入する。

＊国際バカロレア・ディプロマ・プログラムの科目に係る調査書の扱い

指導要録に記載する内容に基づき、「2.　各教科・科目等の学習の記録」の「教科・科目」「評定」及び「修得単位数の計」の欄に記載する。

【3】　「修得単位数の計」の欄

修得を認定した学年ごとの単位数の計を記入する。この場合、卒業見込の者で、最終学年の修得単位が未決定である場合には、当該学年における履修単位を修得したものとして計算する。

留学に係る修得単位数については、高等学校長が修得を認定した単位数を記入する。

《記入上の注意等》

①　1科目を2以上の学年にわたって分割履修する場合は、合計の単位数を記入する。一部の学年の単位の修得しか認定されなかった場合は、認定された単位数だけを記入する。分割履修の科目の記入には注意が必要である。

②　誤記や洩れを防ぐため、修得単位数の計の欄の合計と、生徒が卒業までに修得した単位数（卒業見込みの者の最終学年の分は履修単位数）をあらかじめ調べておき、両方が一致しているかを確認する。

＊単位の修得を認定されなかった科目について

評定の欄は「1」と記入し、修得単位数の計の欄は「0」と記入する。

（3） 各教科の学習成績の状況、全体の学習成績の状況

学習成績の状況の欄は、次のように記入する。

	教　科	国語	地理歴史	公民	数学	理科	保健体育	芸術	外国語	共・家庭	共・情報	全体の学習成績の状況
3. 各教科の学習成績の状況	学習成績の状況											
	教　科											
	学習成績の状況											

令和2年（2020年）度から、高等学校での学習成績を全体的に把握する趣旨を明確にするため、「評定平均値」の呼称は、「学習成績の状況」に改められた。なお、留学に係る修得単位については、算入する必要がない。

【1】 「各教科の学習成績の状況」の欄

各教科の学習成績の状況の欄に記載する教科名について、各学科に共通する各教科・主として専門学科において開設される各教科で同一の名称がある場合は、それぞれ「共」「専」を教科名に併記する。

指導要録に基づき、各教科ごとに各科目の評定の合計数を各教科の評定数（評定を出した科目の数）で除した数値（小数点以下第2位を四捨五入）を記入する。

例示以外の履修教科は、空欄を利用して記載すること。また、空欄不足の場合は、紙を貼り足してもよい。

＜計算例＞

教科・科目		評　定				修得単位数の計
		第1学年	第2学年	第3学年	第4学年	
理科	物理基礎	3				2
	化学基礎		3			2
	生物基礎			4		2
	化　学				5	4

$$\frac{\text{評定の合計数}}{\text{評定数}} = \frac{3+3+4+5}{4} = \frac{15}{4} = 3.75$$

　例えばこの生徒の場合、小数点以下第2位を四捨五入すると、理科の学習成績の状況は「3.8」となる。

＊国際バカロレア・ディプロマ・プログラムの科目に係る調査書の扱い

　国際バカロレア・ディプロマ・プログラムの科目等の履修及び単位の修得をもって「指導要領」の科目の履修及び単位の修得とみなしている場合又は代替している場合についても、それらに係る学校設定科目等の評定を含めて学習成績の状況を算出する。

【2】「全体の学習成績の状況」の欄

　指導要録に基づき、全ての教科・科目の評定の合計数を全ての評定数（評定を出した科目の数）で除した数値（小数点以下第2位を四捨五入）を記入する。

（注）保健体育のように、複数学年にわたって履修する科目については、各学年ごとの評定数をそれぞれ1科目分として取り扱い計算する。

<計算例>

教科・科目		評　定				修得単位数の計
		第1学年	第2学年	第3学年	第4学年	
国語	現代の国語	3				2
	言語文化		4			2
	国語表現			4		4
地歴	地理総合	4				2
	歴史総合		5			2
	日本史探求			3		3
保健体育	体　　育	4	5	5		7
	保　　健	4	4			2
家庭	家庭基礎	3				2

$$\frac{\text{全ての教科・科目の評定の合計数}}{\text{全ての評定数}} = \frac{（国語 3＋4＋4）＋（地歴 4＋5＋3）}{（国語 3）＋（地歴 3）＋\cdots\cdots}$$

$$\frac{（保体 4＋5＋5＋4＋4）＋\cdots（家庭 3）}{（保体 5）＋\cdots（家庭 1）} = \frac{118}{30} = 3.93$$

　例えばこの生徒の場合、小数点以下第2位を四捨五入すると、全体の学習成績の状況は「3.9」となる。

《記入上の注意等》

① 「各教科の学習成績の状況」「全体の学習成績の状況」の欄は、入試の合否に関わる重要な数値である。記入にあたっては、計算ミスなど起こさぬ

進学者用調査書

よう細心の注意を払う必要がある。

② 記入後必ず点検作業を行う。他の担任と交換して点検を行うなど複数の目で点検するのがよい。

③ コンピュータなどを利用して計算する場合は、計算式のチェックをするなどの注意が必要である。入力点検を複数回必ず実施する。

（4） 学習成績概評、成績段階別人数

4. 学習成績概評	成 績 段 階 別 人 数						
段階	A 人	B 人	C 人	D 人	E 人	合計	（ 人）人

「学習成績概評」「成績段階別人数」の欄は、次のように記入する。

【1】 「学習成績概評」の欄

　高等学校における同一学年生徒全員（ただし、教育課程の異なる類型のある場合は類型別、専門教育を主とする学科の場合は科別）の３ヶ年間（ただし、定時制及び通信制の課程で修業年限が３年を超えるものにあっては当該期間）における「全体の学習成績の状況」を次の区分にしたがって、A、B、C、D、Eの５段階に分け、その生徒の属する成績段階を記入する。

全体の学習成績の状況	学習成績概評
5.0 ～ 4.3	A
4.2 ～ 3.5	B
3.4 ～ 2.7	C
2.6 ～ 1.9	D
1.8 以下	E

＊Ⓐ標示について

　大学が希望する場合、学習成績概評 A に属する生徒のうち、人物、学力ともに特に優秀な者については、「学習成績概評」の欄にⒶと標示することができる。

　この場合、高等学校長は「8. 備考」の欄にその理由を明示しなければならないものとされている。

《記入上の注意等》

①　Ⓐの扱いについては、各学校ごとに一定の基準を決め、担任が推薦し、調査書に関する委員会の審議を経て校長が決定するなどの方法が考えられる。特に、総合型選抜や学校推薦型選抜ではⒶ表示が求められることがあるので、1学期の成績会議終了後、早めに対応する必要がある。

【2】「成績段階別人数」の欄

　各段階に属する人数とその合計を「A ○○人、B ○○人、C ○○人、D ○○人、E ○○人、合計○○人」のように記入する。

　類型別又は科別に記入した場合は「合計」の欄に、同一学年生徒の合計数を（　　）内に記入する。

《記入上の注意等》

①　年度内で転退学者が出た場合など、在籍数の変化があった場合は、特に注意が必要である。

②　各段階別人数の集計結果は、同一学年の全クラス担任で確実に点検し、クラスによって異なる集計結果を使うことがないように注意する。

③　コンピュータなどを使用して集計する場合、入力ミスなどが起こらないよう担任相互で確認しながら入力する。

（5）　総合的な学習（探究）の時間の内容・評価

　今回の改訂では「総合の時間」の記入欄の変更はないが、指導要録に合わせて「学習成績概評」の次の欄へと順番が繰り上がっている。

　大学入試では「学習成績の状況」だけではなく、主体的・対話的で深い学びにつながる「総合の時間」の内容及び評価の記載事項も有効に活用することが求められている。さらに、志願者本人の学習や活動履歴を把握するための資料等としても活用する。

　「総合的な学習（探究）の時間の内容・評価」の欄には、「総合の時間」における当該生徒の活動内容及び評価を文章で各学年ごとに具体的に記入する。その際には、**各学校が設定した評価の観点及びそれに基づいた評価が記述されることが望ましい。**

　なお、専門学科で「総合の時間」の全てを「課題研究」等の履修によって代替し、「総合の時間」を履修していない生徒については、当該欄に斜線を引く。

【活動内容】

　「総合の時間」で行った、キャリア教育・教養教育・国際理解教育などの活動内容を学年ごとに具体的に記入する。

【評価】

　各学校が定めた「総合の時間」の目標、内容に基づいて設定した評価の観点を踏まえ、生徒の学習状況における顕著な変化やその特徴を記入するなど、生徒にどのような力が付いたかを文章で記入する。

　その際、生徒の自己評価・体験活動の連携先の評価などにより、総合的に行う。評価資料としては次のものが用いられる。

　①　教員や外部講師による観察記録やコメント

　②　生徒の自己評価や相互評価

　③　レポートや作文等の制作物

　④　学習の記録や作品などを計画的に集積したポートフォリオ

【「国際理解」に関する例文】

活動内容	オーストラリア人留学生の日本及び日本人に対する印象についてのスピーチを聞き、グループで両国人の生活感覚の違いを調査研究した。南半球と北半球での紙面上の位置が逆転する地図や季節感の違いも調べ発表した。
評価	位置感覚や季節の変化の異なる両国の映像を用い、わかりやすく英語で発表したことで、英語力とプレゼンテーション能力を伸ばすことができた。自他の視点で真実を知ることの大切さを学んだ。

活動内容	世界的な和食ブームのなか、グループでその現状と要因について、インターネットや街頭での外国人観光客への英文アンケート調査で情報収集を行い、その結果を分析し発表した。日本食は健康維持に欠かせない要素を多く含んでいるという認識を共有した。
評価	企画・役割分担・共同作業等、入念な意見交換を行って準備し、外国人対応では英会話のマニュアル作りに取り組んだ。その活動を通して、協働的に運営する力と英語力に自信をもった。

活動内容	流行歌から韓国文化に興味をもち、グループでハングルの学習をしつつ、海外交流文化センターを介して、韓国からの留学生との交流も行った。韓国流書道を体験し、扇子に好きな言葉を書いた。発表では日本の書道との比較を交え、文化の違いを説明した。
評価	日本の文化・伝統を深く考える動機づけになった。また、互いの文化を尊重する姿勢を身に付けることができ、将来的には両国の懸け橋となるべく努力を続けていく意欲を見せている。

【「情報」に関する例文】

活動内容	SNS のグループトーク内での誹謗中傷や、インターネットの掲示板でなりすまし投稿による強迫行為があることを知り、その防止に関心をもった。学校の友人らと協力し、暴言的な書き込みを収集し、その問題点をまとめ、解決方法を考案した。
評価	サイトの運営者や警察とも連携して、「加害者」「被害者」「傍観者」の視点から、解決方法を探る学習ができた。発表ではプレゼンテーション能力が発揮され、他の生徒への啓発にも貢献した。

活動内容	メディアによって伝え方に差異があることを知り、疑問に思った。一つのニュースの報じられ方の違いを、複数のメディアで調べた。結果を比較・整理し、「情報を伝えるメディアの種類と特徴」というテーマで、その長所や問題点、改善策についてまとめた。
評価	メディアを専門とする大学生との協働によって、より高い問題解決力を持てるようになった。また、集めた情報を分析し、結論を導き出す過程を通して情報活用能力も向上した。

活動内容	インターネットトラブルを避けるため「ネットや SNS、アプリとの適切なつきあい方」というテーマを設定し、「正しい使用方法」や「起こり得るネットトラブル」について調べた。情報を分析し、使用する際の留意点やトラブルへの対応策などをまとめた。
評価	活動を通して情報収集能力や分析力が高まった。高校生が巻き込まれやすいネット犯罪の事例と安全に正しく使用する方法をまとめたレポートは、他生徒の情報リテラシーの向上にもつながった。

【「環境」に関する例文】

活動内容	低価格で販売されるファストファッションや着られなくなった衣服の行方について興味をもち、繊維製品の生産から廃棄までのシステムを調査した。自身が所持する衣服を調べ、衣服の再利用の方法を検討するなど、これまでの衣生活を見直した。
評価	使用しない衣服を友人に譲ったり、バザーで販売したりするとともに、衣服を計画的に購入する重要性に気づいた。校内で行った制服や体育着のリユース等、リサイクル運動にも貢献した。

活動内容	世界的な気候変動をきっかけに地球温暖化に関心をもち、新聞記事やインターネットで原因やその対策について調査を行った。学校や家庭におけるエネルギー消費に着目し、生徒会活動を通して生活スタイルの見直しを全校生徒に呼びかけた。
評価	環境保健委員として、照明のこまめな消灯とエアコンの設定室温の見直しを提案した。チェックシートを用いた日常的な取り組みにより、生徒の環境意識を高める生徒会活動の一端を担った。

活動内容	美化委員の協力のもと校内のゴミ回収に立ち会い、ゴミの分別状況の調査を行い、本校の抱えるゴミ問題の課題についてまとめた。その結果は委員会新聞に掲載され、生徒の関心を高め学校全体の美化活動の活性化に貢献した。
評価	活動を通して環境美化への意識が高まり、発信力も身に付いた。全クラスでゴミ問題が議論され、校内のゴミが以前に比べて2割以上削減され、学校のゴミ処理料金の減額にもつながった。

【「福祉・健康」に関する例文】

活動内容	自分が暮らす町の高齢者の生活に興味と関心をもった。高齢者が困っていることについて、複数の高齢者や行政担当者にインタビューを行い、文献調査をもとに現状を分析した。また、他の市区町村の取組事例を参考に改善策を検討した。
評価	高齢者の暮らしの課題と改善策について行政機関にも提言した。その後、高齢者福祉施設でレクリエーションのボランティア活動に参加するなど、高齢者との関わりを続け、理解を深めた。

活動内容	新聞記事から高校生の睡眠の実態に興味をもち、現状について本校生徒を対象としたアンケートを実施し、分析を行った。その結果をポスターにまとめ、探究活動発表会でわかりやすくプレゼンテーションした。
評価	アンケートをグラフ化し、睡眠と生活実態との関連性を明らかにするなど分析力が身に付いた。適切な睡眠が日常生活に良い影響を与えることについて、豊かな表現力で説明することができた。

活動内容	高校生の食生活と部活動競技のパフォーマンスとの関連性に興味をもち、学年生徒を対象に、食生活の実態と日常生活や体調についてのアンケート調査を行い、その関連について分析した。まとめた結果を校内の代表者として発表した。
評価	食生活のアンケート結果について、保健体育科や家庭科の教員に主体的に助言を求め、考察した。この学習を活かして自らの食生活を改善した結果、陸上競技において自己ベストの記録を出した。

【「地域」に関する例文】

活動内容	『地域貢献』の授業でフィールドワークを実施し、「ふるさと祭り」の集客の課題に着目し、改善策を検討した。市の実行委員会に班員とともに参加し、子どもたちを楽しませる企画を提案した。当日は関係者との協力の下、意欲的に活動し、多くの参加者が満足した。
評価	実行委員会に参加し具体的な企画にも関わった。課題発見能力や企画力を発揮するとともに、協働実践力も向上した。関係者から世代を超えて楽しめる祭りになったと評価された。

活動内容	郷土芸能に興味をもち、この地域で伝承されてきた「〇〇太鼓」をテーマに、地域の文化継承の視点で研究をすすめた。博物館や資料館にも足を運んで情報収集するとともに、保存会の協力で実技も学んだ。図表を入れてまとめ、クラスで発表した。
評価	太鼓の種類やバチの動かし方を知らない生徒も多く、郷土文化への関心が高まる有意義な発表だった。研究過程で伝統文化保存への課題意識が高まり、「〇〇太鼓同好会」を立ち上げた。

活動内容	商工会の『町おこしプロジェクト』に関心をもち、県内の自治体等で行われている地域活性化の事例を調査し発表した。また、班内で自分たちの企画をまとめ、M企業が実施している高校生・大学生を対象とした「地域活性化のための提案」に応募した。
評価	事例研究を通して情報収集力や分析力が身に付き、「若者と共存するまちづくり」の提案をするなど発想力も向上した。M企業を通じて社会ともつながり、発表を聞いた多くの生徒も触発された。

進学者用調査書

【「進路・キャリア」に関する例文】

活動内容	班員が関心をもっている「生涯スポーツ」に力を入れている大学を見学し、模擬授業や大学生との交流を体験した。人生100年といわれる時代を支えるスポーツの重要性を学び、課題と解決方法を提案した。発表では、高校生も日々の努力が不可欠だと訴えた。
評価	活動を通して目標が明確になり、進学意識が高まった。発表を通して他の生徒に刺激を与えるとともに、自身も進学に向けて主体的に取り組み、本校の目指す文武両道を実践した。

活動内容	地元の企業が求める「就職者の資質や能力」を聞き取り調査し、文献等も活用して「高校生の就職状況」「企業が求める人材」についてレポートにまとめた。ハローワークへのインタビューも行い、就職試験対策について参考にできるようにまとめ発表した。
評価	グループ内で聞き取り調査や発表の準備、実際の活動を通して協働する力が身に付いた。また、情報交換を重ねる過程で、組織の中で働くためのコミュニケーション能力が高まった。

活動内容	将来の希望職種である公務員の種類や内容、公務員の採用方法や必要な条件について詳細に調べた。発表の際には見やすくまとめた一覧のプリントを配布し、特に同様の志望をもつ生徒には好評だった。
評価	公務員をテーマに具体的に調べたことで、時事問題への関心が高まった。その結果、授業中に、意見を述べたり質問をしたりと、主体的な態度で参加できるようになった。

【「防災」に関する例文】

活動内容	地震や津波、洪水などの発生に備え、地域のハザードマップや帰宅支援マップをグループ活動により作成した。災害履歴や学校の立地場所、通学路の危険箇所などについて詳細に調査を行い、校内の掲示板で発表し、全校生徒や近隣住民にも配布した。
評価	作成したハザードマップは帰宅ルートの確認に活用され、防災意識を高めるとともに、近隣住民との協力や配慮の必要性を学んだ。地域の広報誌で紹介されるなど学校内外で高い評価を得た。

活動内容	過去に起きた災害で多くのボランティアが活躍したことに興味をもち、避難所となる学校の在り方について関係団体や実際に活動している方にインタビューを行った。文化祭では調査内容を発表し、ボランティア活動を呼びかけた。
評価	災害時の助け合いや社会貢献など、共助の精神を育むことの大切さを学んだ。無関心だった生徒にも身近な活動からできることを紹介するなど、仲間と協働する力が高まった。

活動内容	地域の安全活動の一つとして、近隣の幼稚園が実施する避難訓練に参加した。幼稚園教諭の指導のもとで、災害時の注意点を確認し、園児と手をつないだり、けがを負ったと想定した園児をリヤカーに乗せたりして、安全面に配慮しながら校庭に避難させた。
評価	非常ベルにおびえる園児に対して優しく声をかけるなど、幼児に寄り添った行動ができるようになった。また、安全教育の必要性も痛感した。これを契機に交流を継続し、保育系への進路希望を強めた。

【「その他」に関する例文】

活動内容	夏に大学生の生活やキャンパスライフの調査をした。事前に大学生のイメージを話合い、質問事項を整理した。自ら学生団体に依頼し、学内を案内してもらった後に、インタビューを行い、学部によって講義の時間帯や実験時間が違うことをまとめた。
評価	秋の調査発表会では、複数学部を比較するポスターセッションを行い、深い理解をもとに高い表現力をみせた。これによって、本人のみならず、同級生の進路意識向上にも貢献した。

活動内容	新聞学習で知った「日本語塾」の現場を複数訪問し、ボランティアの主宰者とそこで学ぶ外国籍の小学生を取材した。地域ごとの外国人住民の変化を表にまとめ、自治体に対策支援のアンケートを実施して、その結果を検証した。
評価	調査から、来日して間もない子どもは、集団遊びを通じて日本語を習得していくという経過を突き止めた。また、学校からの保護者向け配布物には、ふりがなを付けるように要望し、実現した。

活動内容	電解質水溶液に電気を流し、水素の発生の比較実験の様子をビデオに撮り、グラフにまとめた。水の電気分解では電子の受け渡し個数が重要なので、一定重量濃度の実験よりも、モル濃度をそろえた実験が分子の科学的特性を結果に反映できることがわかった。
評価	大学研究室主催の実験にも参加し、「太陽光パネル」など次世代クリーンエネルギーを大学で専攻し、それをもって社会貢献するという将来設計も描け、進学目的が明確になった。

（6） 特別活動の記録

	第１学年	第２学年	第３学年	第４学年
6. 特別活動の記録				

　「特別活動の記録」の欄には、**特別活動における生徒の活動状況について主な事実及び所見**を記入する。

　「2018年版学習指導要領」によると、特別活動は、「集団や社会の形成者としての見方・考え方を働かせ、様々な集団活動に自主的、実践的に取り組み、互いのよさや可能性を発揮しながら集団や自己の生活上の課題を解決する」ことを通して、資質・能力を育成する教育活動である。これは、「ホームルーム活動」「生徒会活動」「学校行事」の３分野を総括する。

　具体的には所属する係名や委員会名、生徒会活動や学校行事における役割の分担など、活動の状況についての事実に関することを記載する。その際、その個人の比較的優れている点など、特別活動全体を通して見られる生徒の特徴に関することや、当該学年の当初と学年末とを比較し、活動の状況の進歩が著しい場合は、その状況に関することを具体的に記入する。委員、役員名だけの記入にならないように注意する。

　特別活動の特質は「なすことによって学ぶ」とされる。そのためには、多様な他者と協働する意義をきちんと理解させて行動できるようにすることと、合意形成から意思決定までの手順が習得できるようになるための、教師側の丁寧な指導が必要である。それには担任をはじめ、生徒会や委員会の顧問、部活動顧問、または外部の方々との連携が求められる。

【ホームルーム活動】

☐ 日直の際、クラスの状況を細かく観察し、日誌に緻密に記載していた。遅刻者への声かけや欠席者を心配する姿などが見られ、友人への気配りや広い視野をもった行動に好感が持てる。

☐ 帰りのショートホームルーム終了後、黒板の桟の清掃やチョークの補充、消灯や戸締まりの点検などに努め、ホームルーム教室の環境整備を心がけていた。

☐ よりよい授業態度を保持するために、席替えを提案した。様々な意見を聞き、配慮が必要な生徒を尊重しながら座席を決めたので、お互いの人間関係も向上し、緊張感をもって学習に臨む生徒が増えた。

☐ プリントの配布や掲示などを自発的に引き受けて担任を補佐し、円滑なホームルーム運営に貢献することができていた。

☐ 学校行事に消極的なクラスの雰囲気を察知して、率先して発言や行動を示し、文化祭での努力賞受賞の原動力となった。その後ムードメーカーとしてクラスの雰囲気作りに貢献した。

☐ 号令係として、授業の開始と終了時に元気に声を出すことで、クラス全員のあいさつを促していた。その活動によって、他の活動でも自信をもって行動できるようになった。

☐ 掲示係を務め、分類ごとにクラスの生徒が見やすいように掲示した。期限が過ぎた掲示物については担任の指示がなくとも取り外すなど、判断力や整理力が高まった。

☐ ホームルーム委員を務め、一人ひとりが過ごしやすいクラスづくりを目標に、目安箱を設置し、出てきた意見をまとめて話し合った。行事では常にリーダーシップを発揮し、授業や学校生活では他の生徒の模範となるように取り組んでいた。

☐ ホームルーム書記として、話し合いの際に皆の発表した意見を丁

寧な字で板書し、几帳面に記録を取ることができた。板書しながら意見を整理し、議論をまとめることで要約力が進歩した。そしてクラスとしての意見集約と議論の深化に貢献できた。

☐ 庶務係として細かい担任業務を手伝うことができた。最初は与えられた仕事をこなすのに精いっぱいだったが、やがては自分から仕事を探し行動できるようになった。その結果、機転が利くように成長し、クラス活動も以前より円滑に進むようになった。

☐ 教科係として各教科の提出物の回収や呼びかけ、教材配布を行った。与えられた仕事は責任を持って取り組み、クラスの学習意欲を高めるとともに、自分の学力も向上した。

☐ 保健委員として、体調不良者への声かけや、ケガをした生徒に保健室まで付き添う姿を何度も見かけた。他者の心身を自分のことのように気遣うホスピタリティ精神をもった行動がとれていた。

☐ 体育委員として、体育祭ではクラスをまとめ、出場競技の割り当てや練習日程の計画を積極的に行った。そのリーダーシップによってクラスの生徒は主体的に取り組むことができた。

☐ 文化祭のクラス劇の脚本係を担当した。複数の演劇や他校の文化祭を参考にし、他の脚本担当者とも協働して、クラスの生徒一人ひとりの個性を盛り込んだオリジナルの台本を完成させた。その劇の読み合わせ練習やリハーサルを通して、クラスがさらにまとまることができた。

☐ アルバム係として、クラスページを担当し、生徒の乳幼児期の写真と現在の写真を並べる企画を提案した。他の係生徒と協力してその構成を何度も検討し、完成したページは 18 歳の成長を皆で祝福できるものとなった。

【生徒会活動】

☐ 生徒会長に立候補し、「身近な生徒会」を公約に掲げた。当選後は公約実現の具体的な活動を着実に行うために、各クラスに向けてアンケートを頻繁に実施するなどし、学校に改善を要望した。また、他校との生徒会交流会で取り組みを報告し、情報交換で学び得た多面的な実践例を、後輩に引き継ぐように整理した。

☐ 生徒会副会長を務めた。異年齢集団である執行部の意見をとりまとめながら年間活動計画を立案した。また学校説明会では、会長とともに愛校心あふれる説明で生徒の日常生活を紹介した。絵や文章の巧みな生徒に声かけをして、見学の中学生と保護者用に校内ガイドマップを作成して好評を得た。

☐ 生徒会書記に選ばれた。壁新聞の「生徒会だより」発行に力を入れ、学校行事や生徒総会の様子をはじめ、難民支援のNPOと連携した古着回収プロジェクトの活動も掲載した。レイアウトを工夫した記事は、生徒のみならず来校者の目を引いた。生徒会が多くの生徒にとって身近なものであるという意識の変革に貢献した。

☐ 生徒会会計として、予算を正確・迅速に執行し、正確な会計報告書の作成に努力した。特に、休部中の部活動が新年度から活動を再開した場合は、秋の補正予算で請求ができるように改正案を提起した。その誠実な仕事ぶりは、各部からの信頼を集めた。

☐ 選挙管理委員長を務めた。立候補や投票の告示や立合演説会、投開票に至るまでのスケジュールを把握し、委員会では逆算してやるべきことを可視化したプレゼンテーションを用意して、全員の共通理解を得ることができた。立ち合い演説会では公正に司会進行を担当し、迅速な開票作業を指揮した。高校生の選挙に対する意識を向上させることに寄与した。

【学校行事】

☐ 新入生代表として述べた宣誓が、在校生をはじめ多くの出席者の心を動かし、入学式の意義を再確認させることに貢献した。

☐ 体育委員として体育祭が滞りなく実施されるように、各種目の選手呼び出しや整列の係を責任を持って行い、行事を通してリーダーシップが高まった。

☐ クラスの文化祭係として出し物を決めるに当たり、仲間の意見を吸い上げ、調整をした。一人ひとりに役割を割り振ることで協力体制が整い、準備が遅れ気味の係には直接アドバイスを行うなど全体を見通せる行動をした。

☐ レシテーションコンテストに向けて、マララさんの主張を十分に理解するために、地理的背景やそこに至った歴史的経緯も探究し、将来的な解決方向も模索した。話す際に重要なアイコンタクトや身振り手振りなども研究し、表現力が高まった。

☐ 修学旅行では班長を務め、担任と班員との報告・連絡・相談を徹底した。これをきっかけに、クラスで孤立する生徒がいなくなり、生徒間の情報共有が進み、つながりも強固になった。

☐ 合唱コンクール係を務め、早朝から登校し練習の準備をし、放課後は練習後に係で反省会を行った。その活動を通して、普段は話さない生徒とも自然に話せるようになり、コンクール後はクラス全体の団結力が増した。

☐ 放送委員として、卒業式、入学式、体育祭、文化祭などの学校行事における、その意義と進行の流れを理解し台本を吟味した。また機器の点検も慎重に行い、どの行事もトラブルなく放送ができ、教職員からも高く評価された。

（7）　指導上参考となる諸事項

7.指導上参考となる諸事項	第1学年	(1)　各教科・科目及び総合的な学習の時間の学習における特徴等	(2)　行動の特徴、特技等	(3)　部活動、ボランティア活動、留学・海外経験等
		(4)　取得資格、検定等	(5)　表彰・顕彰等の記録	(6)　その他
	第2学年	(1)　各教科・科目及び総合的な学習の時間の学習における特徴等	(2)　行動の特徴、特技等	(3)　部活動、ボランティア活動、留学・海外経験等
		(4)　取得資格、検定等	(5)　表彰・顕彰等の記録	(6)　その他

　今回の調査書の見直しで、もっとも大きく変更された部分が、この「指導上参考となる諸事項」の欄である。生徒の特徴や個性、多様な学習や活動の履歴についてより適切に評価することができるよう、この欄を拡充して、より多様で具体的な内容が記載できるように変更された。

　調査書の枚数制限が撤廃されたのも、これまで4項目だったこの欄を6項目に増やし、多様で具体的な記載を増やせるようにしたことと関係があるだろう。記載欄の6項目の内容は、以下のようになっている。

① 各教科・科目及び総合的な学習の時間の学習における特徴等

② 行動の特徴、特技等

③ 部活動、ボランティア活動、留学・海外経験等

④ 取得資格・検定等

⑤ 表彰・顕彰等の記録

⑥ その他

※なお、生徒会活動や学校行事など特別活動における生徒の活動状況については、「特別活動の記録」の欄に記載することになっている。

　また、上記①〜⑥について、無い場合はその旨明示すること。その際、複数の学年を通じた記入が適当である場合は、各学年ごとの記入を要しない。

【1】「各教科・科目及び総合的な学習の時間の学習における特徴等」の欄

　各教科・科目及び総合的な学習の時間の学習における特徴等については、**各教科・科目等に関する学習状況の様子や特徴（積極性など）を具体的に記載する。**

　記載に関しては、以下の点に留意する。

① その生徒個人として優れている点など、各教科・科目及び「総合の時間」の学習全体を通してみられる生徒の特徴に関すること。

② 学習に対する努力、学習意欲、学習態度などの、生徒の日常の学習状況に関すること。

③ 当該学年において、その当初と学年末を比較し、総合的にみて進歩が著しい教科・科目がある場合、その状況に関すること。

④ 学習を進める上で、特別の配慮を行った場合、その状況に関すること。

【日常の学習状況】

☐ 毎朝の登校時間が早く、授業への準備を主体的に行っていた。また、友人とともに、漢字テストや単語テスト等の対策にも有効活用していた。

☐ 家庭学習について話し合った際に、夕食前に１時間の余裕があることに気がついた。その時間に日替わりで暗記科目の学習を充てるようになり、夜は12時前に就寝できるようになった。この体験を部活の仲間と共有し、部活動との両立を実現した。

☐ イラストが得意である。教科担任が、勉強のヒントになる場面を想定してノートに描くよう助言したので、知識と関連する効果的な挿絵が各ページに盛り込まれた。テスト前の協働学習時に他の生徒へ回覧し、理解を促すまとめ方だと評判となった。

【文系科目】

☐ 授業で行った POP 作りで本への関心を高め、毎日読書記録をつけるなど読書に親しんだ。その結果、言葉が持つ価値に気づき、読解力を身に付け、読書感想文全国コンクールにおいて入賞を果たした。

☐ 古典の授業において、文法を苦手としていた外国籍の生徒に対して、積極的に補助しながら本文の解釈に取り組み、協働して学び合う態度が育まれた。また、古典に対する興味が高まった。

☐ 国語の基礎学力向上のため漢字の読み書きに熱心に取り組み、漢字の小テストで満点を取る機会が増えた。その努力の成果として日本漢字能力検定 2 級を取得した。

☐ 「古典作品に登場する動物たち」というテーマで探究型学習を行った。多くの資料を読み込んで自分の解釈を加え、論理的に考える力を培いながら論文をまとめ、発表会の代表者に選ばれた。

☐ AI の進化によって、社会がどのように変化するのかを比較、分析し、働き方や働き手に求められる能力がどのように変わるのかについて調査し、発表した。他の生徒たちに卒業後の社会を意識させる機会になり、多角的に進路を考える一助になった。

☐ 日本とアメリカの貿易について関心を持ち、貿易統計をもとに考察しわかりやすくレポートにまとめた。その活動を通して、わが国の経済が、他国の経済活動と密接な関係があることを理解し、新聞や各統計資料を読み取る力を身に付けることができた。

☐ 東京の「町並みの特徴」を調べる授業では、町の骨格が形成された江戸時代の地図と現在の地図を比較し、その移り変わりをまとめた。地域の発展の歴史を追求する過程で、新たな解決すべき課題を見いだしたレポートは、区の関係者からも評価された。

☐ 文明開化の授業では、欧米の思想・文化の影響などに着目した探

究活動を行った。グループで「なぜ武士からの反発が想定される徴兵令や秩禄処分を実施したのか」という問いを設定し、当時の世界の新聞や博物館の資料を活用しながら、歴史的な見方・考え方を働かせ、協働して課題を追究した。

□ アメリカからの交換留学生と英語で話す機会を得て、積極的に英会話に取り組んだ。「話す・聞く」英語から「読む・書く」英語へと発展し、「4技能」が伸長した。大学は英語文学学科を志望するようになった。

□ 外国人英語指導助手の発案で教科書の内容をドラマ化した劇のキャストとして指名された。練習を重ねるうちに英語で演技する魅力に引き込まれ、英語の知識・技能のみならず、英語での思考力や表現力が高まった。

□ 苦手な英語克服のために、基本例文の暗唱を心がけ、さらに外国人指導助手に覚えた表現を使って積極的に話しかけるなど、努力を続けていた。その結果、学年末考査では学年で10番以内の成績を収めることができ、本人の自信につながった。

□ 「救急車有料化の是非」をテーマにした英語によるディベート活動に意欲的に取り組んだ。事前に図書館やインターネットで情報収集を緻密に行い、ディベートで使う英語表現を覚えるなどして万全を期した。その結果、本番では原稿を見ずによどみのない英語で主張を展開し、聴衆を感心させた。

□ 英作文において、説明や描写を工夫し、やさしい語句で自分の言いたいことが伝わるように書くことができる。書ける語数も増え、平易な語で意思を伝えられる英語のコミュニケーション能力も着実に高まった。

【理系科目】

☐ 将来の進路実現に数学の知識が不可欠であることから、苦手を克服するため予習復習を毎日欠かさず行い、1年間で目覚ましい進歩を遂げた。教室で学び合う中で、他の生徒の質問に答える姿をよく見かけるようになった。

☐ 理数系科目に強い関心を持って意欲的な学習をしている。特に数学については秀でた才能を示している。高校1年から数学の専門月刊誌を愛読し、数学と他の学問領域の関連などについて豊富な知識を持ち、仲間を誘って教師との対話を試みていた。

☐ 生物が得意で、生物医療関係への進学を目指している。実験にも積極的に取り組み、研究報告書及び口頭発表の際には、客観的なデータをもとに説得力をもって説明することができた。

☐ 理数系科目に関心が高い。特に、物理については国際物理オリンピック日本代表に選ばれるなど、他に秀でた才能を示している。

☐ 理数探究の授業では、先行研究をもとに課題を設定し、仮説と検証計画を立てた。探究ノートを作成し、繰り返し検証を行いながら、類似の実験を行うことができた。グループ内で意見交換を行いながら、丁寧に報告書を作成した。

☐ パソコンによる文書作成、表計算、プレゼン資料作成等、全てにわたって習熟している。初心者の友人へのアドバイスも適切である。また、夏休みの自由研究では、プログラミングコンテストに参加し、自分の体験をまとめ発表した。

☐ 情報の授業で学校紹介のマルチメディア作品の制作課題に取り組んだ。画像や動画の活用、データ処理等を工夫して、インパクトのある作品を完成させた。学校説明会で上映するために、友人らと機材の搬入にも関与し、来校者から高い評価を得た。

【体育・芸術・家庭系科目】

☐ １年次には苦手であった水泳だが、授業に真剣に取り組んだ結果、３年次の夏には泳げる距離が大幅に伸び、自信をつけた。

☐ 健康の維持増進に強い関心を持ち、食事や栄養、人体のしくみ・はたらきのみならずトレーニングの専門書にも興味を広げた。その学びを活かし、部活動ではトレーナー的な役割を果たした。

☐ ３年次に選択したテニスでは、リーダーとして練習方法やチーム編成を工夫し、皆が意欲的に取り組めるよう尽力した。その役割を果たした経験から、社会体育関係への進路意欲も高まった。

☐ 発声もしっかりしており、歌唱力に秀でている。曲想をよくとらえ、上級学年になるにしたがって表現力が増し、聴く者の心を引き付ける豊かな感性と情操を培った。

☐ 美術史に関心を持ち、特にルネサンス美術に興味がある。レオナルド・ダ・ビンチやミケランジェロの作品については専門的な研究にも励んでいる。デッサン等の表現力も年々高まった。

☐ 書道の授業で出会った隷書に興味をもち、３年次には書の構成力に磨きをかけ、創造活動の喜びも味わった。意欲的に制作した作品は、市から努力賞を受け、駅の企画コーナーで展示された。

☐ 調理実習では手順を確認し、衛生面に注意して熱心に取り組んだ。実習を重ねるごとに効率よく作業ができ、段取り力も高まった。

☐ 被服に関心が高い。機能的で活動しやすいようデザインを工夫し、自分らしさを演出して製作したハーフパンツは、持ち前の豊かな創造力と深い思考力の成果であった。

☐ １０年後の自分の生活を描くことで、生涯を見通した経済の管理や計画について具体的に考えるようになった。グループ内で意見交換を重ね、経済設計の必要性についても理解を深めた。

【総合の時間】

□ １学期は「自己と他者を知る」という単元で、クラス内の相互理解を深める活動を重ねた。２学期は「プロジェクト課題・地域産業」で、クラステーマ「安全で付加価値の高い商品とは何か」の研究に取り組んだ。また２月には商品展示会開催のため、グループ別に広報、運営、会計に分かれて協力し、会場では２学期の学びを発表する機会を得た。生徒自身もこの活動を通して、課題を発見する力や協働して課題を解決する力が身に付いた。

□ 前期「進路研究」では、「AIとの共存」という観点から、上級学校の仕組みや、資格取得、卒業後の仕事などを調べ、クラス内で発表した。後期「修学旅行研究」では、協働学習で「外国人旅行者との共生」という課題を設定し、現地の標識の多言語調査を行い冊子にまとめた。１年間の探究活動は、社会の姿を身近にとらえるだけでなく、社会に積極的に参画していく自己の将来の在り方を考察する契機となった。

□ １学期は希望する学部のアドミッション・ポリシーを比較した。２学期には、この報告をグループ内で共有し、自己の生き方を振り返るとともに、高校時代において必要な資質や能力を高めた具体的な体験を4000字でまとめた。この過程を通して、文章構成力とよりよく他者に伝えていく表現力が向上した。

□「なぜ若者はゴーヤが苦手なのか」という探究課題に取り組んだ。家庭科の教員や栄養士の聞き取りや文献を参考に「見た目、食感、苦みの克服」という仮説を立てた。その結果、調理の工夫だけでなく、盛りつけや皿の色によっても印象が変化することがわかり、クラスで発表した。実生活のなかから問いを見出し、整理分析する力も身に付けた。

【2】 「行動の特徴、特技等」の欄

　行動の特徴、特技等については、各教科・科目及び総合的な学習（探究）の時間の学習以外の、**学校内外における活動の状況や特徴（積極性など）を次の点に着目して具体的に記載する。**

　① その生徒個人として比較的優れている点など、学校生活全体にわたってみられる生徒の行動の特徴に関すること。

　② 当該学年において、その当初と学年末とを比較して、行動の状況に進歩がみられる場合、その状況に関すること。

　③ 趣味・特技に関すること。それが他の生徒に良い影響を与えるなどの視点も加味する。

　着目できる特技・特徴をもっている生徒については、あまり苦労せずに記述できるだろう。その際、特筆すべき実績があるならば、その裏づけとなる資料（表彰状、資格証明書、認定証など）を用意させておくことが必要である。出願の際に必要とされる場合がある。

　難しいのは、おとなしく目立たず、人前で意見を表明するのが苦手な生徒の記述である。しかし、そのような生徒も見方を変えれば光る部分がある。例えば、次のような細かい点や日々の何気ない行動にも、長所を評価できるポイントがある。積極的に探してみよう。

　・丁寧で好感のもてる字を書く

　・目立たないが規範性が高く、身だしなみも常に整っている

　・困った様子の人にも目配りができ、積極的に補佐する行動がとれる

　・生花を慈しんで花瓶の水を取り替え、教室に彩りを添えることができた

　また、携帯電話に夢中で建設的なことをしていないように見える生徒でも、その機器を活用してクラス生徒との連絡調整や組織化を行うのが上手であったりする。協働という観点から評価できるだろう。

　このような些細なことを手掛かりに、本書の記述を参考にして、生徒の成長や周囲への好影響という着眼点で記載してみよう。

【行動の特徴】

□ 黒板の管理を任され、つねに黒板を美しく保つことで学習意欲の向上と維持に貢献した。本人も他人から頼られている気持ちを持つことができて積極性が増した。

□ 朝早く登校し、後から来る生徒に気持ちの良い挨拶を送り、担任の朝の教室整備を手伝っていた。日直が仕事を忘れている時に率先してその仕事を行うなど、クラス全体に対した気配りができるので、クラスが安定し、落ち着いた学習環境が醸成された。

□ 修学旅行の班長として、班行動や宿泊地における班の動きを把握し、スムーズな連絡調整や班長会議に尽力した。その経験により責任感が増し、クラス内のコミュニケーション不足から生じる問題に気を配り、未然に解決することができた。

□ 周囲の状況を適切に判断して行動することができる。けがをした友人の荷物を進んで運ぶなど、思いやりの気持ちをもって他者と接することができ、友人からの信頼が深まった。

□ 遠距離通学であったが、遅刻や欠席がないように日ごろから生活習慣を整えて生活した。その結果、3年間皆勤で、学習や部活動に努力したことは、他の生徒の見本であった。

□ 2年の夏休みに環境保護関連のNPOの活動に3日間参加し、生活のなかで出る廃材を利用した小物作りを体験した。以来ごみ減量や資源を大切にすることへの意識が高まり、教室のごみ分別でも友人に積極的に声をかけ、リサイクルに取り組むようになった。

□ 人のために活動することを厭わない生徒である。感染症の拡大防止のため学校が休校になった際、その期間を利用して手作りマスクを作成し、地域の福祉施設に寄付した。

【特技】

□ 絵画やデザイン力に優れ、自身の絵画が校内の廊下に展示されて在校生や来訪者の目を楽しませている。また、遠足のしおりの作成に協力し、表現力豊かな案内図の評価は高く、当日の円滑な遠足実施に貢献できた。

□ よく通るハリのある声の持ち主である。号令係として授業の最初と最後に毎回クラスに明るく大きな声で号令をかけた。その結果、自身の学習意欲も向上し、クラスの授業規律も高まった。

□ 水泳が得意で、1年次夏休み前の「着衣水泳」講習会に参加した。そこで服を着たまま水に入ると、思うように体が動かないことを実感した。また、水難救助の際には、飛び込まず浮くものに掴まらせることが重要だと学んだ。以降、救助活動に関心をもち、海上保安庁の受験を目指している。

□ サッカーが得意で技術も優れている。サッカー部ではリーダーシップを発揮して部員をまとめ、県大会出場を果たした。サッカー部の有志とともに地域のスポーツ少年団に協力し、サッカーを介して地域活動にも貢献している。

□ 管弦楽部でクラリネットを担当し、コンテストや文化祭、周年行事で練習の成果を発揮した。その特技を活かし、近隣小学校の吹奏楽団に楽器を教えるボランティア活動に積極的に参加した。

□ 学校外のBMXクラブで、自転車のモトクロス競技を行っている。運転技術のレベルアップを図り、ジュニア選手権に出場し、県内で上位の成績を収めた。今後の活躍が期待されている。

□ イラストが得意でネット上で作品を紹介している。文化祭のクラス企画では、演劇の台本の表紙を担当するとともに、宣伝用のチラシも仲間と協働して作成し、観客動員に寄与した。

【3】 「部活動、ボランティア活動、留学、海外経験等」の欄

　「2018年版学習指導要領」の総則には、特別活動（「ホームルーム活動」「生徒会活動」「学校行事」）がキャリア教育の要になることが明記された。しかし、特別活動以外の教科外活動や地域と連携した活動、生徒の自主的な学校外の活動もまた、キャリア教育の目標を達成するために不可欠な活動である。様々な集団のなかで身近な課題を解決したり、多様なものの見方や考え方を育んで人間形成に寄与する場となっているのである。

　このようなかけがえのない経験をもたらす部活動、ボランティア活動、留学・海外経験については、この欄に、**具体的な取組内容、実施期間、その活動における特徴等を記載する。**

　その際、所属する団体名や大会記録の正式名称などは、生徒の申し出だけでは要領を得ない場合がある。**留学先の国名・学校名**の表記方法などや具体的な活動内容は、公的書類のコピーやパンフレット、記録などを持参させ、当該生徒から丁寧に聞き取りをし、活動報告書と齟齬がないようにする。

【部活動・同好会】

□ 剣道部に所属し、日々の基礎練習や真冬の練習にも耐え抜き、忍耐力を高めた。また、礼儀も身に付け、日常でも大きくハキハキとした挨拶をする様子は、模範となった。

□ 野球部に所属し、夏の大会では、準決勝まで勝ち進んだ。厳しい練習を一度も休まず心身共に鍛錬した結果、3番ショートのレギュラーに定着し、活躍した。

□ ダンス部に所属し、振り付けや選曲などの中心的存在として活動した。文化祭や地域のイベントで発表し大喝采を得た。その経験から表現する楽しさに目覚め、学校生活での積極性が高まった。

□ サッカー部では持ち前の明るさで部のムードメーカー的存在となった。センターバックとして体を張ってチームを鼓舞する姿は、後輩からも慕われ、目標とされる存在となった。

□ バスケットボール部に所属した。怪我によって選手としての活動が困難になったものの、冷静な判断力と柔軟な思考力を買われ、マネージャーに転向した。献身的にサポートする姿は、後輩の信望を集めて、部の結束を強める役割を果たした。

□ 水泳部のマネージャーとして、夏は炎天下のなか、声出しやタイム計測、水分の準備などのサポートに徹し、選手の競技力を高め、3年連続となる県大会出場に貢献した。

□ 吹奏楽部に属し、休日や早朝の練習も続けた。運動部の地区大会予選などの応援に何度も参加し、他者を支えることに責任と喜びを見出していた。その前向きな姿勢によって人望も得た。

□ 生物部の部員として文化祭で研究成果をユニークな着眼点をもって発表した。その成功体験から、生徒総会などでも大勢の前で堂々と発言する姿や創意工夫した発言で注目を浴びた。

□ チアリーディング部に所属し、大会や運動部の予選などで献身的な応援をした。その経験から、支援や補助することに意義や喜びを感じ、地域イベントのボランティアなどにも積極的に参加した。

□ E.S.S に所属した。自身の英語力の向上だけでなく、「英会話ランチ」などの企画によって、その活動を在校生にも広く波及させた。また、海外から訪問者が来校した時にはその対応に努めるなど、対人関係力やコミュニケーション能力も身に付けた。

□ 写真同好会に所属し、生徒たちの生き生きとした姿を伝えようと学校行事や他の部活動の様子を撮影し文化祭で展示した。その作品は学校案内にも採用された。

□ イラストに興味がある仲間を募り、同好会を発足させた。個人制作だけではなく、会員で話し合ったテーマを題材にそれぞれ絵を描いた。この活動を通して、協働することの喜びを体験し、技能を高めただけではなく、想像力と表現力を養うことができた。

【ボランティア活動】

☐ 生物部の仲間とNPO団体の水質調査に参加した。団体の職員の指導のもと、大学生たちと協働して地域の河川の水温や透明度などを調査し、その結果を発表した。この経験を通してNPO団体の自然環境の保護活動に関わるようになった。

☐ 役所が主催する「伝統工芸展」でボランティアとして活動した。シニアのボランティアたちと一緒に受付や案内をしながら、地域の文化を代表する工芸に触れ、ものづくりに興味を抱くようになった。

☐ 地域の触れ合い動物園主催で、障がいのある児童のためにポニーの体験乗馬を手伝った。動物好きな自分の特性を活かし、障がいのある児童が乗馬を楽しめるように介助をした。自分の好きなことを通して社会に貢献したいという意識が芽生え、動物園の手伝いをするようになった。

☐ 生徒達が学校内で行っていた落ち葉掃きなどの清掃活動を、学校周辺にも広げることを提案し実現させた。地域には一人暮らしのお年寄りが多いので、こまめな清掃活動が大変喜ばれた。また、清掃活動が行き届くようになって付近が明るく清潔な雰囲気となり、防犯にも貢献していると自治会から評価された。

☐ 生徒会主催の「中学生対象学校説明会」にボランティアとして協力した。施設の案内などを担当し質問にも答えた。明るく爽やかな姿勢が中学生やその保護者から好評を得た。様々な年齢層の人と積極的にコミュニケーションを図れるようになった。

☐ 夏季休業中に老人福祉施設でボランティア活動を行い、配膳や洗濯物の仕分け、折り紙教室などの手伝いをした。社交的な人柄なので、入居者との交流を楽しみながら意欲的に活動できた。

【留学・海外経験等】

☐ 県主催の留学制度で高校 2 年生の夏休みに 3 週間オーストラリアへ派遣された。自分の意見を堂々と表明することができ、発信力も身に付けた。他国にはない日本の良さや素晴らしさを自信をもって伝えることができる。その影響は多大で、多方面から物事を見ることができる生徒が増えた。

☐ 保護者の仕事の関係で、小学 6 年生から高校 1 年生までの 5 年間カナダで生活した。英語が得意なため、英字新聞等で海外のニュースを理解することができる。課題発見力があり、世界で起こっている事象を多方面からとらえ、解決に向けた議論ができる力も身に付けている。

☐ 高校 1 年の 2 学期から 1 年間イギリスの〇〇高校に留学した。世界の経済格差の問題に関心があり、海外の報道から直接入手した関連記事を、日本のメディアと比較検討し、ホームルームで発表した。公民の授業の班活動では解決策を考える機会を持った。

☐ 高校 1 年の秋から 1 年間、アメリカのサンディエゴの〇〇高校に留学した際、国境を接しているメキシコからの移民が多い事を知り、南米諸国の貧困問題への関心が高まった。帰国後は開発援助活動への興味を持ち始めた。

☐ ネパールからの留学生を 1 年間ホストファミリーとして受け入れた。留学生の話から、ネパールでの地震後のインフラ整備が日本とは大きく異なり、復旧に時間がかかっていることを知った。様々な事柄について留学生と意見交換をする中で、興味関心や社会問題についての考え方のスケールが飛躍的に拡大した。

【4】 「取得資格、検定等」の欄

　生徒が、国や地方公共団体、専門高校の校長会や民間事業者等が実施する資格試験・検定によって資格等を認定された場合、その**資格・検定の内容及び取得スコアや取得時期等を記入する。**

　この欄の記載が、大学によっては「出願要件」を満たす証になったり、「加点対象」として活用されることが考えられる。生徒本人との内容確認をしっかりと行い、記載漏れや誤記等に注意を払いながら、社会的な信用のある取得資格や検定試験の合格については積極的に記入する。

<記入例>

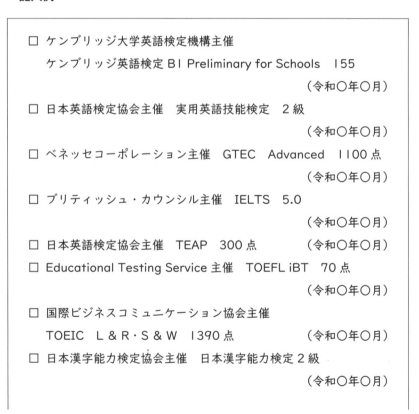

□ ケンブリッジ大学英語検定機構主催

　　ケンブリッジ英語検定 BI Preliminary for Schools　155

　　　　　　　　　　　　　　　　　　　　　（令和〇年〇月）

□ 日本英語検定協会主催　実用英語技能検定　2級

　　　　　　　　　　　　　　　　　　　　　（令和〇年〇月）

□ ベネッセコーポレーション主催　GTEC　Advanced　1100点

　　　　　　　　　　　　　　　　　　　　　（令和〇年〇月）

□ ブリティッシュ・カウンシル主催　IELTS　5.0

　　　　　　　　　　　　　　　　　　　　　（令和〇年〇月）

□ 日本英語検定協会主催　TEAP　300点　　　（令和〇年〇月）

□ Educational Testing Service 主催　TOEFL iBT　70点

　　　　　　　　　　　　　　　　　　　　　（令和〇年〇月）

□ 国際ビジネスコミュニケーション協会主催

　　TOEIC　L＆R・S＆W　1390点　　　（令和〇年〇月）

□ 日本漢字能力検定協会主催　日本漢字能力検定2級

　　　　　　　　　　　　　　　　　　　　　（令和〇年〇月）

☐ 日本数学検定協会主催　実用数学技能検定準１級

（令和○年○月）

☐ 家庭料理技能検定事務局主催　家庭料理技能検定２級

（令和○年○月）

☐ 世界遺産アカデミー主催　世界遺産検定マイスター

（令和○年○月）

☐ 東京商工会議所主催　カラーコーディネーター検定試験２級

（令和○年○月）

☐ オデッセイ コミュニケーションズ主催

　マイクロソフト オフィス スペシャリスト（MOS）試験

　　　　　　　　　　Excel エキスパート　（令和○年○月）

☐ 日本書写技能検定協会主催　毛筆書写技能検定　準１級

（令和○年○月）

☐ 全国工業高等学校長協会主催　機械製図検定試験合格

（令和○年○月）

☐ 日本商工会議所主催　簿記検定試験２級　　　（令和○年○月）

☐ 日本商工会議所主催　珠算能力検定１級　　　（平成○年○月）

☐ 実務技能検定協会主催　秘書検定　準１級　　（令和○年○月）

☐ 全国商業高等学校協会主催　情報処理検定１級　（令和○年○月）

☐ 消防試験研究センター主催　危険物取扱者　乙種第四類

（令和○年○月）

☐ 電気技術者試験センター主催　電気工事士　第二種

（令和○年○月）

☐ 公益財団法人講道館主催　柔道　二段　　　　（令和○年○月）

☐ 一般社団法人　茶道裏千家淡交会主催　上級　（令和○年○月）

【5】 「表彰・顕彰等の記録」の欄

生徒が、社会的に評価されている各種大会やコンクール等で入賞した場合、その<u>大会・コンクールの名称や主催団体、時期等を記入する。</u>

また、生徒が自ら関わってきた諸活動が評価され顕彰されたことがあれば、この欄に記入する。ただし、生徒会活動や学校行事など特別活動における活動によって表彰・顕彰された場合については、「特別活動の記録」欄に記入する。

さらに、国際バカロレアなど国際通用性のある大学入学資格試験における成績や科学オリンピック等への参加歴や成績など、社会的に評価される活動の実績があれば記入することが望ましい。

なお、表彰・顕彰や社会的に評価される活動実績において、表彰名だけではその内容や実績が伝わりにくいこともある。その場合は、具体的な内容を簡潔に記しておくことも必要であろう。

＜記入例＞

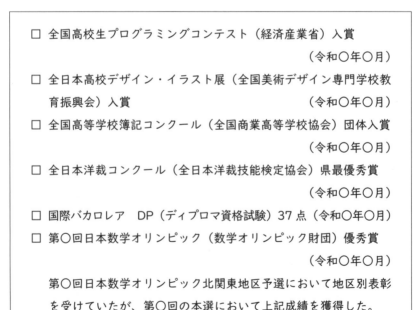

□ 全国高校生プログラミングコンテスト（経済産業省）入賞
（令和○年○月）

□ 全日本高校デザイン・イラスト展（全国美術デザイン専門学校教育振興会）入賞
（令和○年○月）

□ 全国高等学校簿記コンクール（全国商業高等学校協会）団体入賞
（令和○年○月）

□ 全日本洋裁コンクール（全日本洋裁技能検定協会）県最優秀賞
（令和○年○月）

□ 国際バカロレア　DP（ディプロマ資格試験）37 点（令和○年○月）

□ 第○回日本数学オリンピック（数学オリンピック財団）優秀賞
（令和○年○月）

第○回日本数学オリンピック北関東地区予選において地区別表彰を受けていたが、第○回の本選において上記成績を獲得した。

□ 第〇回高校生科学技術チャレンジ（朝日新聞社）科学技術政策大臣賞 　　　　　　　　　　　　　　　　　　　　（令和〇年〇月）

テーマ「朝顔の開花の研究」を3人の共同研究として成し遂げ、本大会において、独自のアイデアや用いる手法の改良を行っており、独創的で斬新な研究であると高く評価された。この研究過程での議論や実証やプレゼンテーションを通して、協働しながら思考・判断を繰り返し、互いの意見や考察を尊重しながら高め合うことを学んでいった。

□ 〇〇県教育委員会表彰 人命救助 　　　　　　　（令和〇年〇月）

路上において突然倒れた男性に、テニス部員3名でAEDを使用するなど連係プレイによる適切な救助活動を行った。

□ 〇〇県教育委員会表彰 環境美化 　　　　　　　（令和〇年〇月）

地域の清掃活動・花壇整備・ゴミを出さない声かけ運動などの自主的で定期的な環境美化活動が、本校生徒や地域住民のボランティア活動に影響を与え継続されてきた。

□ 体育優秀選手賞（〇〇市体育協会）高校三段跳び（令和〇年〇月）

令和〇年〇月〇日開催の〇〇県高等学校新人陸上競技選手権において「14m88cm」を記録し優勝した。

□ 〇〇県高校生専門資格等取得表彰（〇〇県教育局高校教育指導課）

陸上無線通信士2級取得 　　　　　　　　　　（令和〇年〇月）

産業用ロボット 特別教育修了 　　　　　　　　（令和〇年〇月）

デジタル情報技術検定1級取得 　　　　　　　　（令和〇年〇月）

□ ジュニアマイスター顕彰 シルバー（全国工業高等学校長協会）

工業英語能力検定1級取得 　　　　　　　　　　（令和〇年〇月）

グラフィックデザイン検定　準1級 　　　　　　（令和〇年〇月）

全国高等学校ロボット競技大会 地区優勝 　　　（令和〇年〇月）

【6】 「その他」の欄

　この欄には、生徒が自ら関わってきた諸活動、生徒の成長に関わる所見など、特に必要と認められる事項等について記入する。

　【1】 ～ 【5】 に記載できなかった学校内外での活動で、生徒自らが関わってきた特筆すべき諸活動があれば記載する。

＜記入例１＞

中学生から始めた地域の祭囃子倶楽部で熱心に篠笛を練習している。高校生になってからは倶楽部のメンバーとして近隣の祭に参加し、お囃子で地域を活性化することに貢献している。

＜記入例２＞

小学生の頃からスポーツ少年団に加入し少林寺拳法の練習を行っている。高校に入ってからも活動を継続しており、小中学生の指導的な役割を担いながら、自らも心と体を鍛えている。

＜記入例３＞

日常的にクイズ研究を続けてきた友人とチームを組んで、テレビ局のクイズ番組に参加した。地域予選を勝ち抜き、〇〇テレビ局で行われた本番に出場。知識と判断力を発揮して準々決勝まで進出した。

＜記入例4＞

> 幼稚園時代から書道に親しみ、有段者である。毎年開催される地元の町内会の百人一首大会の次第や参加者名を麗筆で揮毫し、清々しい雰囲気の会場作りに寄与した。

＜記入例5＞

> イラストが趣味で、余暇を利用して書き溜めた作品をまとめ〇〇展に出展した。5冊に分かれたシリーズもので、努力賞を獲得した。

＜記入例6＞

> 右耳の聴覚に障害を有し、補聴器を使用している。生徒自身がその状況を自覚し受け入れ、体の向きや座席等を工夫しながら勉学に励み、学年でもトップクラスの成績を残している。

　休学の場合は、校長より休学が許可された期間をその学年欄に記入する。

＜記入例7＞

> 平成〇年4月1日　〜　令和〇年3月31日　休学

> 令和〇年9月1日　〜　令和〇年7月31日　休学

(8) 備 考

8. 備 考	

　大学の希望により当該大学の学部等に対する能力・適性等について、特に高等学校長が推薦できる生徒についてはその旨を記入する。

　学校教育法施行規則第85条の規定に基づき、教育課程編成上の特例の適用を受けている研究開発学校及びスーパーサイエンスハイスクール並びに同規則第103条第1項に基づく単位制による課程を置く高等学校にあっては、その旨を明示する。スーパーグローバルハイスクール等に関する記載についても、その旨を明示する。

　国際バカロレア・ディプロマ・プログラムの科目に係る調査書の扱いについては、指導要録に記載する内容に基づき、「備考」の欄に記載する。

　また、「備考」の欄に記載することが困難な場合は、「備考」の欄に「別紙参照」と明記の上、別紙を添付し対応する。

《記入上の注意等》

①　学習成績概評の欄でⒶ表示した生徒については、備考欄にその理由を明示しなければならない。

②　研究開発学校やスーパーサイエンスハイスクール等については、指定を受けた年月日を記載する。

③　生徒の責に帰すべき事由でない未履修教科・科目名がある場合は、「備考」の欄にその旨を記載する。また、「学習成績の状況」は未履修科目を除いて算出していることも記載する。

＜記入例＞

- □ 学習成績概評にあるⒶは、人物・学力ともに特に優秀である生徒であることを示す。
- □ 文系理系の両方面にわたり成績優秀であり、特に数学は常に学年のトップクラスの成績を残している。現在も、微分積分に関する研究論文に取り組んでいる。
- □ 日本の古典文学はほとんど読破している。国語授業の発表会では『源氏物語』に対する自分なりの解釈を展開する発表を行い、高く評価された。
- □ 日本の歴史に深い関心をもち、大学レベルの研究紀要を用いた縄文時代研究の論文を完成させた。将来は、考古学研究者の道を志望している。
- □ 実験や実習をともなう教科が得意である。特に物理には関心が高く、実験の考察は秀でている。電子物理学の研究に進むべく、大学のテキストを用いた勉強を続けている。
- □ ○○年○月より○○年○月迄、スーパーサイエンスハイスクールの指定を受けている。
- □ 本校は、○○年○月○日に国際バカロレアの認定を取得し、ディプロマ・プログラムを導入している。2・3年次でディプロマ・プログラムの科目を学習している。

(9)　出欠の記録

9. 出欠の記録									
区分　＼学年	1	2	3	4	区分　＼学年	1	2	3	4
授業日数					欠席日数				
出席停止・忌引き等の日数					出席日数				
留学中の授業日数					備　考				
出席しなければならない日数									

　「出欠の記録」の欄は、指導要録該当欄の記載事項を転記する。

　卒業見込みの者の最終学年の欄は、直近の学期末（ないしは、最終学年の成績を判定した時点）現在における出欠状況を記入し、その旨を備考欄に明示する。

＜記入例＞

9. 出欠の記録				
区分　＼学年	1	2	3	4
授業日数	200	202	75	
出席停止・忌引き等の日数	0	3	0	
留学中の授業日数	115	85	0	
出席しなければならない日数	85	114	75	
欠席日数	1	8	1	
出席日数	84	106	74	
備　考	英国留学	祖母死亡風邪等英国留学	1学期末まで	

【1】 「授業日数」の欄

　各学校の年間教育計画のなかで決められているが、次の場合には記入に当たって注意を要する。

① 学校の全部または学年の全部が臨時休業となった場合
② 転入学・編入学の生徒がいる場合
③ 休学が認められた生徒がいる場合
④ 留学を認められた生徒がいる場合

【2】 「出席停止・忌引き等の日数」の欄

　この欄には、次のような日数を含めて記入する。

① 忌引き日数
② 学校教育法第 11 条による懲戒の「停学」の日数
③ 学校保健安全法第 19 条による「出席停止」日数、及び第 20 条による「臨時に学年のなかの一部の休業を行った場合」の日数
④ 感染症の予防及び感染症の患者に対する医療に関する法律第 19 条、第 20 条、第 26 条及び第 46 条による「入院の場合」の日数
⑤ その他様々な条件のなかで「校長が出席しなくてもよいと認めた」日数

【3】 「留学中の授業日数」の欄

　校長が「留学を許可した日」から「復学を許可した日の前日」までの間に、在籍校で行われた授業日数を記入する。

【4】 「出席しなければならない日数」の欄

　次のような計算式によって出された日数を記入する。

① （授業日数）－（出席停止・忌引き等の日数）
② （授業日数）－（出席停止・忌引き等の日数）－（留学中の授業日数）

【5】 「欠席日数」の欄

「出席しなければならない日数」のうちで、病気やもっぱら生徒自身の責任による事故で欠席した場合の日数を記入する。

【6】 「出席日数」の欄

次のような計算式によって出された日数を記入する。

（出席しなければならない日数）－（欠席日数）

＊不登校及び「公欠」等について

指導要録では、生徒が運動や文化などに係る行事等に参加した、または不登校の生徒が適応指導教室等学校外の施設で相談・指導を受けたときに、「校長が適切であると認める」場合は出席扱いにできるので注意する。

＊災害・感染症等による出欠の扱いについて

授業日数や出席停止等は指導要録の扱いに準ずる。具体的には次の通りである。

・学校全体または学年全体が臨時休業になった場合は、「授業日数」から除く。
・インフルエンザ等で学級閉鎖になった場合は、「出席停止」として扱う。

【7】 備 考

次のような事項を記入する。
① 出席停止・忌引き等の理由
② 欠席の主な理由
③ 卒業見込みの場合、最終学年における記載は何学期までのものか。

（10）　作成年月日、記載責任者職氏名等

　最後に、日付、学校名、所在地、校長名、記載責任者職氏名を記入し、校長の職印、記入者の認印を押す。

　学校名や所在地は最初から印字しておく。校長名、記載責任者職氏名は複写後ゴム印を押してもよい。

　記載内容を訂正した場合は、訂正箇所に校長の印を押印するとともに、欄外に加除字数を表示する。また紙を貼り足した場合も、校長の印で割り印をとる。

＜記入例＞

　　　この調査書の記入事項に誤りがないことを証明する。

　　　　令和　　○年　　○月　　○日

　学校名　　○○県立○○高等学校

　所在地　　〒○○○－○○○○　　○○県○○市○○町○○番地

　校長名　　田中　一郎　　　印　　　記載責任者職氏名　　教諭　　清水　香織　　印

「問いかけ」で生徒の世界が変わる

1. 事前指導

　各学校では、生徒の進路選択に向けて、様々な体験活動に取り組ませ
ていることと思います。しかし、なかには、その教育的意義について理
解できない生徒も存在します。だからこそ、事前に着眼点を投げかけて
おくことは重要です。例えば、大学の模擬授業に行くという話を聞いた
ら、「講義の内容」「大学生の様子」「学内の図書館の様子」「他校の生徒
との交流」などの目的確認のあとに、「どうだったか必ずあとで聞くから
ね」といった念押しの一言を添えるとよいでしょう。

　また、調査活動に行く生徒には、「社会人の方の仕事ぶり」「相手の方
と話したこと」「インタビューしてわかったこと」などのポイントを振っ
て「あとで聞くからね」と伝えます。そして、部活動や学校行事の準備
中などに廊下等ですれちがったら、挨拶とともに「○○のこと、あとで
聞くからね」と念を押し、後日面談で確認します。

2. 事後指導

　体験活動には事前の準備不足による失敗がつきものです。振り返りを
渋る生徒には、メンバーとのコミュニケーション不足や自信のなさがあ
ったからかもしれません。対話によってその心情を吐露させる過程を経
て、「それでもやってみてよかった、挑戦できた、とあなたが思えること
は何だっただろうね？」と言って一緒に考えます。自らの成長に気づく
ための新たな視点の問いかけです。

3. その生徒だけしか書けない内容

　活動報告書や志望理由書に、成功体験だけではなく、不安を突破でき
た自己の行動や、ものの見方（世界）が変容した記述があれば、生徒の
個性が際立って伝わります。これらの原因や背景を論理的に説明し、解
決に向けて「挑戦」した経過をまとめさせたいものです。

第 ② 章

進学者用推薦書の記入例

1. 推薦書について

　大学入試においては、国公立、私立を問わず、短大も含め、いわゆる「推薦」の枠が拡大する傾向にある。今後に向けては、『見直し予告（通知）』で、「総合型選抜（旧「AO入試」）では募集人数の枠を設けない」「学校推薦型選抜（旧「推薦入試」）では学部等の募集単位の入学定員の5割を超えない範囲とする」ということが示されている。また、短大についてはこのルールを適用しないとしている。

　すでに序章で述べた通り、『見直し予告（通知）』では、各大学に対し、入学者選抜実施要項で選抜の方針や活用する評価方法を明らかにし、出願に必要な提出書類とともに、記載する内容を明記するよう義務付けた。そのなかで、推薦書については、単に本人の長所だけを記載させるのではなく、次の内容を記載させるよう実施要項に盛り込むことを求めている。

・入学志願者の学習や活動の成果を踏まえた「知識・技能」「思考力・判断力・表現力」「主体性を持って多様な人々と協働して学ぶ態度」に関する評価についての記載を必ず求めることとすること。
・その際、生徒の努力を要する点などについても、その後の指導において特に配慮を要するものがあれば記載するよう求めること。

　推薦書の様式は、上記を踏まえて各大学が作成する。したがって様式は大学によって異なるであろう。いずれにしても、高等学校では、目の前の生徒の進路実現を願って責任をもって記載しなければならない。

　なお、記載するにあたっての心得や記入のポイントについては、「2. 記入のポイントと留意点」及び「3. 記入例」を参考にしていただきたい。

2. 記入のポイントと留意点
～推薦書の書き方7ヵ条～

　推薦書は、学校が責任をもって大学に提出する公式な書類であり、事実に基づいて記載しなければならない。学校長が推薦するものであるが、担任が「記載責任者」として、文面を考え記載するのが一般的である。場合によっては選択科目等の担当者や部活動顧問が記載することもある。事実を順に書き並べるだけでは、受験生の長所や成長した姿を十分にアピールすることはできないので、記載に当たっては、本人の特性や将来の目標等を踏まえて、特徴や学校生活等での経験を評価してもらえるよう留意して記載する。

　また、「2018年版学習指導要領」の改訂の趣旨を踏まえ、今後の入試では、**「学力の3要素（知識・技能、思考力・判断力・表現力、主体性を持って多様な人々と協働して学ぶ態度）」**が選抜の観点として重視される。したがって「学力の3要素」に関する内容を具体的に記載することが重要である。

　上記を念頭におき、以下に「推薦書の書き方」について、そのポイントを『7ヵ条』としてまとめた。

第1条　推薦条件や求める人物像とのマッチングを確認する

　まず第一に、志望する大学の推薦基準や求める人物像をチェックし、生徒本人の希望を再確認して、出願を決定する。学部によって条件が異なる大学もあるので、詳細について必ず入試要項で確認すること。

　第二に、生徒自身がアピールしたい点や進学の目標等について、直接生徒と面談をして聞き取る。特に、3年間の活動の記録として、教科等の学習の成果はもちろんのこと、生徒会活動や部活動で頑張ってきたことも引き出す。趣味・特技、各種検定資格等も申告させて、推薦文の材料とする。また、その生徒と大学との接点を探し、その点を強調することも有効である。

　例えば「貴大学は第一志望であったが、オープンキャンパスで案内してくれた〇〇学部の学生の自信あふれる言動に刺激を受け、目標がより明確になった」等。

第２条 「学力の３要素」を必ず入れる

　長所に着目して書くのはもちろんだが、生徒の様々な活動と関連させて成長した姿や活動を通して身に付けた力について、できるだけ具体的に記載する。特に、「学力の３要素」は今回の入試改革の眼目であり、身に付けた「知識・技能」「思考力・判断力・表現力」「主体性を持って多様な人々と協働して学ぶ態度」等を記載するのは必須と言える。

　「学力の３要素」に関する内容を具体的に書くためには、３年間を丁寧に振り返ることが必要である。また、学習の成果をポートフォリオとして綴った資料を十分に活用し、その生徒が積み上げてきた活動と関連させて紹介したい。

　例えば「体育委員としてリーダーシップを発揮した」という平凡な表現も、「体育委員として、体育祭のクラス対抗種目では種目責任者と協力して練習計画を立て、クラスをまとめ、勝利に導くなどリーダーシップを発揮した」と記載することで、仲間と協働し、クラスの生徒を牽引した生徒の姿が具体的にイメージできる。また「総合の時間では環境をテーマに近隣河川の生物を研究した」という内容も、「総合の時間では環境をテーマに選び、地域のNPO団体に協力を依頼し、近隣河川に生息する生き物を実際に調査し、上流と中流でその種類や数に違いがあることをまとめた。その活動を通して分析する力が高まった」と連携した団体や成果を記載すると、多様な人と協働し研究した過程や思考力や分析力など身に付けた力が具体的に読み取れる。

第３条　進学分野に関連した活動を挙げて書く

　志望学部、学科に関連した活動がある場合は、事例を挙げて積極的に記入する。高校時代の評価のみならず、進学後の学修への発展にもつながる。

　例えば、美術系に進もうとしていた生徒の場合に「文化祭のクラス企画で門の制作を提案し、そのデザインや彩色などについては中心となってまとめあげ、来校者がワクワクするような躍動感のある門が完成した」と記入したり、保育士の資格を取りたいと考えている生徒については「子どもが好きで、弟妹や小さい従兄弟の面倒をよくみている。保育士を目標に、３年次には

『保育』を選択し、月に1回の保育園での交流を楽しみに、幼児に関する知識理解に向け、積極的に授業に取り組んでいた」と記入すると高校での活動が具体的に伝わり、大学進学の目的についても明確に示せる。

第4条　志望動機を明確にし、将来の希望を入学後に結び付ける

　推薦を希望する生徒のなかには、学習面やホームルーム活動も特筆すべき内容がなく、部活動でも中心的存在ではない生徒もいる。ありのままを工夫せずに書くと、受験生のなかに埋もれてしまう。もちろん事実に反することは書けないが、意識の高さや大学での可能性をアピールしたい。面接を重ね、助言を与えながら志望動機を確固たるものにし、それを大学の学びに結びつけていく。

　例えば、「目立つ生徒ではないが、意志は強く何事も最後までやり通す」という生徒も「目立たないが、意志が強く、社会に役立つ仕事がしたいという思いが強い。今、社会では何が問題なのか、自分に何ができるのか、〇〇分野でそれを追究したいと考え、貴学部〇〇学科で学ぶ決意を固めた」などと記載すると大学での学びにつながっていく。

　また、面接では、推薦書の内容をもとに質問されることが多い。必ず両者で確認し、齟齬が生じないようにしておく。推薦書に将来の希望（職業等）が記入できると、インパクトが強まるとともに、面接でも力強く応答できる。

　例えば、建築科を志望する生徒が「将来的には父が経営する設計事務所を発展させたいと考えている」場合や、国際学科に出願する生徒が「将来の目標は途上国を支援する職業である」場合なども、目標を挙げて記載できると差別化ができる。

第5条　多方面から情報を収集する

　日常の学校生活の記載だけでは差別化を図ることは難しい。どんな思いで日々の生活を送っているのか、友人関係、係活動、フォロワーシップの行動など、担任の目の付け所が重要になる。日々の活動の場面を、担任だからこ

そ見ることができる「目」、感じられる「心」でとらえて、推薦書を工夫したい。

　また、担任からは見えない活動も、教科担当者や部活動顧問、生徒会担当教員等から情報収集できると、生徒を多面的に紹介できる。機会を作って養護教諭や司書、用務主事にも声をかけてみよう。新たな一面が見えてくる。

　例えば、生徒会担当教員から情報収集できると「文化祭実行委員会で会計を担当した。生徒会本部の会計と綿密に連携し、前年度踏襲ではなく、予算配付ルールを修正した。その結果、限られた予算を各部署で調整し、有効活用することができ、多くの生徒が満足する文化祭になった」等の紹介ができる。司書教諭の話からは「図書委員として昼休みと放課後の貸出当番を休むことなく責任を果たした。その時間を利用し、本の帯を利用した読書紹介を作成し、図書館入口に掲示し、読書の啓発に寄与した」等の紹介ができる。

第6条　パターンをいくつか用意しておく

　進路を左右する推薦書は、誠意を持って丁寧に作成したい。必然的に時間もかかる。しかし、なるべく短い時間で作成できるような工夫も必要である。

　「人物について」「本学部を志望する理由について」等、内容が指示されている場合はそれに従う。スペースに伝えたい内容を適切に整理して記載できるようエピソードのまとめ方や表現の仕方を工夫する。一方で、このような区分がない場合は、記入の仕方をパターン化しておくと書きやすい。

　例えば、①**高校で頑張ったこと、学習の3要素に関連する活動例**　②**志望動機・将来の職業等**　③**大学での学び**　④**総合所見**　という流れなど。この流れのなかに、必要に応じて、性格、検定・資格、学校外での経験などを挟み込んでいくとまとめやすい。

　事前に、項目ごとに、記述する内容を箇条書きして準備しておくとよい。

第7条　最後の決まり文句を用意しておく

　推薦書の紙面は9割以上の記入が目標である。最後に1～2行の余裕があるときには、例えば「**貴大学の期待にそえる生徒としてここに推薦する**」「当

該生徒が貴大学で学び、さらに実力をつけて、将来○○として活躍することを期待して推薦する」などの例文を活用するのも一案である。

　締めくくりにふさわしい最後の決まり文句を用意しておくとよい。

 ## 推薦書　記入のチェックポイント

☐ **読みやすい文章になっているか**
　＊誤字脱字をチェックするとともに、主語と述語、文章のつながりなどに注意して、書き上げた推薦文を推敲する。

☐ **学力の３要素をふまえた内容になっているか**
　＊「2018年版学習指導要領」の改訂の趣旨が反映された内容になっているか確認する。

☐ **高校での活動の成果とともに、大学入学後の取り組みや目標についても記載されているか**
　＊生徒が準備した提出書類（活動報告書や大学入学希望理由書等）と齟齬がないか全体を見直す。

☐ **数字や名称等、記載した内容に間違いはないか**
　＊学年や活動時期、記録や名称等、一つひとつチェックする。

☐ **記載内容について、生徒とも確認したか**
　＊面接等での応答を想定して、生徒と最終確認をする。

3. 記入例

◆人文系学部志望生徒の推薦文◆

　性格は穏やかで、物事に対して誠実に向き合うことができる。きちんと人の話を聞き、理解した上で、責任をもって何事にも最後まで取り組むため、周囲より一目置かれている。表現力も豊かで、１年次の２学期には、学校代表としてビブリオバトル大会に参加し、自身が感じている「読書の楽しさ」を伝えた。 ── ①

　また、ビブリオバトル大会への参加をきっかけに、本を日常的に読む習慣がつき、読解力が向上した。さらに「図書館司書になって多くの人に本の魅力を伝えたい」という将来の目標が定まってからは、学習に対する態度が目に見えて変化した。授業での積極的な発言や土曜講習への自発的な参加により、顕著に学力が向上し、特に関心が高い文系科目においては、２年次の１学期から学年でトップクラスの成績を維持している。 ── ②

　日ごろから読書に親しみ、図書委員会に３年間携わった。物事を多角的に考えることのできる思考力と人望から委員長に選出され、文化祭でも中心的な役割を果たした。特に、仲間と協働しながら準備した「高校生のおすすめ本！POP展」という企画では、高校生ならではの視点や、カラフルで目を引くデザインのPOPは反響を呼び、その後の図書館利用者数の増加にもつながっている。 ── ③

　貴大学は、本人の目標達成に寄与する講座が数多くある。文学部入学後は「図書館法」に基づく「図書館学講座」を学び、知識・技能を身に付けた上で夢を実現したいと決意を固めている。 ── ④

　以上のような優れた生徒であるので、責任をもって推薦する。

記入のポイント

4部構成とし、それぞれ「人物」「学業」「課外活動」「入学後のビジョン」を中心に記入する。具体的な事例や生徒の変化を明記することで、生徒像が浮き彫りになるように心がけた。

①について

第1段落は「人物」に着目し、生徒の性格について記入した。「周囲の評価」を加えることで、客観性が高まった。また、本人のもつ性格や能力が「どんな場面」で「どのように」活かされたのかにも触れることで、より生徒像を明確に表現できた。

②について

第2段落は「学業」を中心に記載した。将来希望する職業にも触れることで、志望する学部との関わりがわかりやすくなる。また、生徒の変化を具体的に記入できれば、生徒の学習に対する姿勢を示すことができる。その結果、「何が」「いつ」「どうなったのか」まで表記することによって、学習を通した生徒の成長をあらわすことができる。

③について

第3段落は「課外活動」に着目した。「思考力」や「仲間と協働」といった能力や姿勢が、委員会のような特別活動等の場で結果に結びついた例を出した。これによって、本人がもつ資質や態度のみならず、大学が求める「学力の3要素」の観点も強調することができる。また、それ以外にも校外での活動や資格があれば、追記することによって差別化が図られ、アピール効果も大きくなる。

④について

最後に、その大学の特色や「入学後のビジョン」を記入した。その際は、オープンキャンパスでの印象、体験した授業、入学後に選択予定の具体的な講座名や教授の研究分野等を記載すると説得力が増す。

進学者用推薦書

◆国際系学部志望生徒の推薦文◆

　だれとでも公平に接することができる生徒で、集中力もあり、細かな作業なども熱心に取り組み、最後までやり通す。文化祭においては、クラスのアピールボード制作の中心となり、計画的に作成することができた。　①

　「総合の時間」においては、「外国人の訪日旅行」をテーマにして、文献調査、インタビューから分析と考察を行った。その成果を論文としてまとめ、校内発表を行った。30名ほどの訪日外国人旅行者に対して、旅行の目的や日本に来た感想などをインタビューし、自国の特徴や文化について多面的に理解を深めた点は評価できる。また、英語でのコミュニケーション能力も高めることができた。

　また、英会話部に3年間所属し、顧問やALTに助言を受け、他の部員と協力して英語劇を完成させ文化祭で発表した。脚本担当として、物語の進行やねらいを部員に丁寧に説明し、後輩の演技指導を率先して行うなど、協働してものごとをつくりあげることが得意な生徒である。また、英語検定の学習にも意欲的で、2年次には、2級を取得した。　②

　在学中の短期留学時に、航空会社のグラウンドスタッフが笑顔を絶やさず乗客の立場に立って働いていることに感動した。それがきっかけで、将来は航空会社で働くことを希望している。そのために、大学では、語学力に一層の磨きをかけ、異文化に対する理解を深められる貴大学の国際関係学部への進学を志望している。複数の大学のオープンキャンパスへの参加や大学研究を通じ、貴大学には社会の即戦力として活躍できるための教育プログラムが十分に整っていることを確認した。進学後に一層の成長が見込まれることを強く確信し、本生徒を推薦する。　③

記入のポイント

「生徒の資質」や「高等学校での取り組み」「将来の目標と志望理由」について具体的に記した。「総合の時間」や部活動からどのような力を身に付けたかがわかる推薦文になるように心がけた。

①について

この生徒は穏やかな性格で、物事を投げ出さず最後までやりとげる力がある。多くの大学では推薦文を面接試験の資料としても使用する。その点も踏まえて、地道に努力できる特長や、だれとでも公平に接することができる人柄を記述した。短い時間で生徒の資質を判断する面接試験においての一助となることであろう。

②について

「総合の時間」における活動から、本生徒が自国の特徴や文化を多面的に考察し、論文としてまとめ発表したことがわかる記述にした。多数の訪日外国人旅行者に直接インタビューした点を記載し、学習への積極性やコミュニケーション能力が高い生徒であることを明確にした。また、英会話部の活動については、部員同士が協力してつくりあげた英語劇を取り上げた。脚本担当であったことに加え、日常的にも後輩の指導を熱心に行ったことを紹介し、進学後も協働して学習や研究をする資質があることを強調した。

③について

推薦文のまとめでは、将来の目標と志望理由について明記し、生徒がこの大学を強く志望していることを記述した。複数の大学のオープンキャンパスに参加し、大学研究を熱心に行った上で、将来の目標を見据え、社会の即戦力として活躍できる教育プログラムが整っている大学を志望校として定めたことを記した。入学後は大学がすすめる教育プログラムによるさらなる成長の可能性を示して締めくくった。

◆法学部志望生徒の推薦文◆

本生徒は、全ての教科から知識と教養を得ようと努める意欲が高い。特に、数学では、疑問点を熟考した上、積極的に質問をし、着実に理解を深め、論理的思考力を高めた。学習への姿勢は、学年生徒にも好影響を与え、クラス全体で切磋琢磨する雰囲気を醸成している。

「総合の時間」では、「裁判員制度の現状と課題」についてテーマ設定をし、調査・研究を1年半かけて行った。在籍校の保護者に裁判員制度についてアンケートを取り、集計した後、裁判所職員の助言をもとに考察を行った。その後、裁判員の辞退者増加や心理的負担等の調査・研究の成果を、プレゼンテーション資料にまとめ発表した。あらかじめ答えのない学習活動においても、関係機関や担当教員の助言をもとに、主体的に探究活動を深め、粘り強く課題解決を図った。また、国語で俳句に関心をもち、俳句コンクールに応募した結果、2度の入賞を果たすなど言語感覚にも優れている。 ───①

部活動では、3年間テニス部に所属、課外活動でダンスに取り組むなど、心身ともに明朗快活である。特に、テニス部においては、副主将を務め、顧問との連絡を密にとるとともに、下級生の指導も積極的に行うなど、コミュニケーション能力も高く、進学後も他の学生と協働して学問を追求する資質がある。 ───②

「公共」の授業や「総合の時間」の学習成果から、司法関係の職業に強く関心をもつようになり、将来は裁判官になることを志している。司法を通じて社会に貢献するために、複数回貴大学のオープンキャンパスに参加し、貴大学進学を強く志望するに至った。「法曹界における実践力を高める」貴大学の学習プログラムに主体的に取り組み、将来、裁判官として活躍できることを確信し、本生徒を強く推薦する。 ───③

記入のポイント

　全体で４部構成とし、「生徒の資質」や「高校での取り組み」「将来の目標」について、生徒と十分にコミュニケーションをとって把握した内容を具体的に記述した。「総合の時間」や課外活動からどのような力を身に付けたかがわかる推薦文になるように心がけた。

①について

　「総合の時間」で取り組んだテーマについて簡潔に記述した。在籍校の保護者からアンケートを取り、集計して分析し、まとめて発表するに至るまでの活動の記述は、資料の活用力や考察力、発信力等をアピールできる。また、裁判所職員の方から助言を受け、探究活動を深めたことは、関係機関と連携して学習を深めた実践力を表している。「総合の時間」で主体的に学びを深めることができた実績は、進学先の大学でも成長が期待できる生徒と評価されるであろう。

②について

　テニス部とダンスの課外活動を意欲的に行った生徒である。スポーツを通じて、部員と顧問との連絡調整や後輩の育成にも尽力した経験から、コミュニケーション能力の高い生徒であることがわかる。異年齢との関わりが積極的にできる点は、協働して学習する上で大切な要素であり、進学後も有為な学生として成長できることを強調して表現した。

③について

　裁判官になりたいという将来の目標と進学を希望する学部が一致していることを記載した。また、志望している大学のオープンキャンパスに複数回参加して積極的に理解を深めた生徒自身の行動力と意欲も伝えた。最後に、志望する大学に強く進学したい気持ちや将来性の高さを記し、推薦理由とした。

◆理工系学部志望生徒の推薦文◆

　3年間、学業と課外活動に努力を継続させた生徒である。1時間以上の自転車通学であったが、遅刻や欠席することなく規則正しい生活を送った。周囲をよく観察して、思いやりをもって人と接することができ、落ち着いた行動ができるため、級友からの信頼が厚い。

　「総合の時間」においては、「飛行機のウイングレッドの役割〜模型飛行機で関連性を探る〜」について、自らテーマを設定して、調査（アンケート）・研究・発表を行った。その成果は顕著で、学内の代表として発表者に選ばれる程であった。その経験から、大学に進学し、物理学についての理解を深め、研究を通じて成長したいという気持ちをより強めた。ゼミ形式での「総合の時間」で高い能力を発揮したことは、大学進学後も主体的に学習ができる資質十分であるといえる。 ───①

　また、本生徒は、生徒60名以上が所属する管弦楽部の副部長として部員をまとめた。伝統ある管弦楽部において、教員・生徒・卒業生との連絡・調整を責任もって果たした。貴大学においても、教員、学生、外部関係機関との関係を大切にし、協働して学び、他の学生と切磋琢磨することができると信じる。 ───②

　本生徒は、中学生の頃から、航空工学の研究者になるという明確な目標がある。そのため、「少人数制で最も専門性の高い指導が受けられる」「実験施設が充実している」「高い志をもつ学生と学び合える」貴大学への進学を強く志望してきた。その志は、貴大学への進学を目標に、3年間懸命に学習に励み、常に成績上位者であることからも一貫している。本生徒は、貴大学での教育プログラムを主体的に学び、将来、研究開発者として活躍できる人材であることを確信し、強く推薦する。 ───③

記入のポイント

　学業と部活動を両立させるとともに、将来への明確な目標をもって学校生活を送った生徒である。本人との面談のみならず、「総合の時間」の担当教員や部活動顧問からも情報をもらい、その志が伝わるような推薦文となるよう工夫した。また、「総合の時間」や部活動で、どのような力を身に付けたかについても具体的な例を挙げて記述した。

①について

　「総合の時間」の探究活動も将来の進路希望に沿った内容であり、航空工学の研究者になりたいという志望と一致している。自らテーマを設定して、調査（アンケート）・研究・発表を行い、校内の代表者に選ばれたことをあげ、大学進学後にも主体的に学習できる生徒であることを強調した。論理的な思考力やデータを読み取る力が付いたことは、生徒への聞き取りで確認したことである。面談は、生徒自身が高等学校で培った能力を確認する機会にもなった。

②について

　部活動においても、多くの部員のいる管弦楽部の副部長を務めるなど人望の厚いことがわかる。また、部活動内で教員、生徒、卒業生との連絡調整を中心的に担う力があることを記載した。結果として、大学においても他の学生や教員、関係機関と協働して研究を進めることができる資質をもつ人材であることを表している。学習と部活動の両面で努力をした生徒の努力を表記し、大学への推薦文とした。

③について

　航空工学の研究者になりたいという明確な目標のもとに、大学の特色を理解した上で、強い進学希望があることを記載した。また、中学生の頃からの思いを高等学校入学後も持ち続け、努力を重ね優秀な成績を納めた実績を示して意志の強さを表現した。

◆看護系学部志望生徒の推薦文◆

生活習慣がきちんと身に付いており、服装・礼儀作法など他の生徒の模範となっている。言葉使いも丁寧で好感がもてる。現時点で、無欠席・無遅刻・無早退を続けており、心身ともに健康な学校生活を送っている。　——①

叔母が看護師で幼い頃からの憧れもあり、1年次の夏休みに○○病院における「病院ボランティア」に参加した。他の生徒と協力して、初診の患者への申込書や問診表の記入方法の説明や院内の道案内、車椅子の整備をした。患者に対する職員の温かい対応も肌で感じ、看護師の患者の心に寄りそう喜びや使命感に感銘を受けた。　——②

その後の学校生活には変化が見られ、「総合の時間」では自ら「高齢者医療」をテーマに据え、他の生徒と協働して、高齢者施設や医療機関の利用者、職員にインタビューやアンケートを行った。調査・研究の成果をプレゼンテーション資料にまとめ発表し、担当教員からは高い評価を得た。この活動により、将来の職業として看護師を目指すことを決断した。　——③

進路先として複数の看護系大学を検討しているなかで、貴大学では医療人としての知識や技術だけでなく、「人間愛をもって人と接することを重視していること」「空いている時間に実習室で練習ができること」など自分から積極的に学習できる環境も整っていることを知り、入学を強く希望するようになった。　——④

このように高い目的意識をもって堅実に取り組み、誠実に努力する姿勢をいつももっている生徒である。将来は患者に寄り添い、家族の不安や心配を解消することができる、信頼される看護師になると確信し推薦する。

記入のポイント

「人物」「課外活動」「学業」「志望理由」を中心に記入した例である。具体的な事例を明記することで、生徒の良い面が読み手に理解されるように心がけた。

①について

「人物」に着目し、生徒の性格・行動について記入した。できる限り「無欠席」などの数値化できるものを明記し、客観性を高めるよう工夫した。数値化できないものならば、他の教員の評価や級友たちの印象などを盛り込むようにするとよい。

②について

「課外活動」に着目した。看護系では特に実習や体験活動などを通して、やり甲斐や自らの適性を実感するものである。生徒自身がその進路を選択する大きなきっかけとなるので、読み手にアピールできるよう記述した。そのためには、生徒からそのときの様子をなるべく詳しく聞き取る必要がある。面談の際には、目線を合わせて引き出そう。

③について

「学業」に着目した。「学力の３要素」を念頭に、看護に関わりのある分野を主体的に研究したことを評価することで、志望する学部との関わりを示した。また、学習に対する生徒の変化を具体的に記入し、看護師への憧れが目標となり、具体的な行動にも、そして成果にもつながっていることが読み手にわかるように一貫性を持たせた。

④について

「志望理由とのマッチング」に着目した。その大学の特色と生徒の志望理由との一致を明記することにより、その志望大学への進学がベストなものであることをアピールした。ここでも生徒から聞き取りを行い、学校見学で感じたこと、その大学で学びたいことなどを詳細に把握し、生徒の希望理由書とのズレがないように細心の注意を払う必要がある。

◆教育系学部志望生徒の推薦文◆

　本生徒は、性格は明朗で、協調性に長けている。常に周りに目と心を配り、他人の言葉にも素直に耳を傾けることができるため対人関係も良好である。その真摯な姿勢から、級友からの信頼も厚い。

　１年次からホームルーム委員としてクラスの中心的な存在としてリーダーシップを遺憾無く発揮した。特にそれが顕著だったのは合唱コンクールである。意見が対立していた男子と女子の間を上手くとりもち、見事にクラスをまとめ上げ、優秀賞獲得の原動力となった。　──①

　２年次には、「みんなが明日も来たいと思える学校にしたい」という強い思いから志願し、生徒会長となった。公約に掲げていた、毎朝のあいさつ運動によって校内でのあいさつも増え、学校がより明るく活発になったことが、学校評価アンケートにもあらわれていた。　──②

　授業で扱った新聞記事から、「貧困」や「教育格差」に問題意識をもったのをきっかけに「この問題の解決に教師としてアプローチしたい」という考えに至り、教員を志望するようになった。高校で公民科の教員として教壇に立ち、「公共」や「政治・経済」の科目を通して思考力を育成し、多面的に物事を考えられる生徒にしたいという展望を持っている。　──③

　その夢を現実のものとするために訪れた複数のオープンキャンパスのなかでも、貴大学の模擬授業が最も印象に残ったという。SDGs の視点を盛り込んだ課題解決型の授業で、社会が抱える問題とその解決に向け協働し、SDGs のスローガンである「だれも取り残さない」という考えには感銘を受けたようである。大学研究の結果、貴大学への志望を大きくしているところであり、本生徒ならば、入学後も貴大学のアドミッション・ポリシーを達成し得ると確信し、ここに推薦する。　──④

記入のポイント

教育学部を志望する生徒の多くは、教員を目指している。教員養成においては、生徒の資質・能力に加え、「人間性」が重視されることが考えられる。よって、生徒の長所や強みに着目し「人物像」や「取り組み」「生徒の意識」を記入することにより、その「人間性」が浮き彫りになるように心がけた。

①について

ここでは教員として必要な「協調性」「信頼」「リーダーシップ」というキーワードをクラスメイトとの具体的な関わりのなかに盛り込んで、その資質に長けているということを示した。

②について

生徒会長立候補への動機として取り上げた生徒の実際の発言や考えには、説得力がある。このような引用のためにも、生徒との面談はもちろん、何気ない会話さえ疎かにしてはならない。また生徒は、その強い思いを心に留めておくことなく、出馬やあいさつ運動のように行動に移した。その取り組みがアンケートという客観的な媒体によって評価された好例として記述した。

③について

まず「教員」を希望していることをそのきっかけとともに記した。校種や教科、科目で生徒に対してどんな力をつけさせたいのかという展望を明記することで、将来のビジョンが伝わりやすくなった。

④について

生徒が複数のオープンキャンパスに参加し、大学研究した上での志望であることを記述した。特に、模擬授業での具体例を盛り込むことで、生徒の学びはもちろん、他大学との違いを強調できる利点もある。最後に、アドミッション・ポリシーにも触れ、入学に値する生徒であるとまとめた。

進学者用推薦書

◆体育・スポーツ系学部志望生徒の推薦文◆

　本生徒は、幼少期より水泳を始め、小・中学生では多様なジャンルのスポーツに親しんできた。特に仲間とともに汗を流したサッカーは忘れられないという。高校入学後は水泳に力を注ぎ、部活動と地元のクラブチームに所属し、両立させながら泳力を高めた。

　１年次には「泳ぐ楽しさをより多くの人に感じてもらいたい」と、文化祭においてアーティスティックスイミングの発表を部員らに提案した。競泳を主とする部活動であったため反対する生徒もいるなか、自分の思いや、その構成を順序だてて説明し、一方で部員の話にも耳を傾けた。意見を反映させながらプログラムを作成し、練習することで、本番では納得の演技ができ「企画賞」を受賞するなど成功をおさめた。この経験により、主体性が身に付き、クラスでも庶務係として、ホームルーム担任のサポートをする姿を多く見るようになった。　── ①

　２年次には部長へ立候補し、複数の候補者のなか、投票によって就任することになった。就任後も、練習メニューの作成や練習中の声かけなど、チームを先導した。このことにより、計画し、それを遂行する力がついた。さらに、初心者の１年生に対しては、泳法や飛び込み、ターンに至るまで、練習後も親身に指導する姿が見られた。水泳部の県大会への出場者数が前年度を大きく上回ったことがその成果を物語っている。　── ②

　３年次の進路決定の際は、「水泳をライフワークとして一生続けたい。ゆくゆくは、指導者となって泳ぐ楽しさや技術を伝えたい」と希望するようになった。大学研究を進める上で、本生徒が強い関心を示したのが貴大学のスポーツマネジメント学部である。「スポーツ自体とスポーツライフの両者をマネジメントし得る知識と技術を身に付けたい」と意思を固めており、進学後は資質・能力の向上と、貴大学水泳部での活躍も期待し、本生徒をここに推薦する。　── ③

記入のポイント

体育・スポーツ系学部を志望する生徒は、幼い頃からスポーツに親しんでいる場合が多い。そのスポーツに関わってきた経緯や、そのスポーツを通じて何を得て、何を学び、それがどんな力に結びついていったか、を記述することに意を注いだ。

①について

「反対する生徒」が存在するなかで、どのようにその困難を克服し、結果へと結びつけたのかを記した。今回のケースに限らず、スポーツにおいては怪我や挫折、集団形成における課題など、生徒が悩み、苦しむことは多々ある。そういった課題に立ち向かったプロセスにこそ生徒の成長がある。ここでは文化祭での事例を挙げて、その成長した姿を表現することに努めた。

②について

部員からの期待が高いことや信頼を置かれる存在であることを、「投票によって就任」したという形で記述した。また、リーダーとしての責任感の強さや、どんな部員に対しても心配りできる姿を具体例で表現したことによって、「集団のなかでの人物像」をも強調できるようにした。このような記述内容によって、大会等での表彰や好記録はなくとも、スポーツを通じて人間性豊かな生徒に育ち、それは大学でのスポーツ活動でも活かされるとの期待感につなげられると考えた。

「体育・スポーツ系学部」への推薦書なので、生徒自身の数値的な記録がある場合は記載することが望ましい。

③について

「指導者」となるとの将来の展望はもちろん、「なぜそのように考えているのか」を踏まえて記した。また、競技を大学でも続けたいだけではなく、競技種目と関わって「大学で何を学びたいのか」の記述にも配慮した。大学での「スポーツマネジメント」という具体的な学びと、大学卒業後の進路との一貫性があるように意識して最後をまとめた。

◆芸術系学部志望生徒の推薦文◆

　本生徒は、幼少期から週末には家族とともに美術展を見学し、自らも絵画や陶芸教室に通って芸術的感性を磨いてきた。

　高校１年の夏の海外スタディツアーに参加した際、ヨーロッパの宗教絵画の修復工房を見学し、未来に向けて美術作品を保存していく文化思想に感銘を受けた。

　それがきっかけとなって、２年の「総合の時間」では、宮内庁が取り組む正倉院の模倣作品制作について調査した。例えば聖武天皇の遺愛品である「螺鈿紫檀五絃琵琶（らでんしたんのごげんびわ）」は、貝やべっ甲がどの地域から集められ、どのような工程で装飾されたかを解説し、皇室が育てた繭の糸で復元した弦を奏でる音色を映像で紹介した。 ── ①

　部活動では美術部に所属し、多様な感性をもつ部員を一つにまとめた合同製作に取り組み、文化祭で展示した。また、部員が見学者と会話をしながら似顔絵スケッチを提供して、好評を得た。

　最近では表現分野の根幹に関わる哲学や世界史にも興味を広げ、どの教科に対しても主体的に学んでおり、職員室前で教師に質問をしている姿がたびたび見受けられる。さらに、友人らとともに「哲学対話」を試み、放課後には時事問題や世界情勢について自由に語り合う場を広げている。 ── ②

　本生徒は貴大学のオープンキャンパスに参加し、クラフトの実習制作と、ＡＩやＩoＴを活用する時代における真の豊かさについて考える模擬授業を受けた。指導教授の適切な助言を参考にして完成させた在学生や卒業生の作品を見て、深い思索とみずみずしい感性に圧倒されたという。入学後は、貴大学のアドミッション・ポリシーにあるように、美術・デザイン制作を通じて、新しい時代を切り拓く美的教養をもつ社会人になることを期待して、ここに推薦する。 ── ③

102

記入のポイント

　芸術の分野では、その能力を数値化することは難しい。本人の進学意欲があったとしても、大学が要求するレベルに届いているかの判断は、教科担任者に意見を仰ぐべきである。この推薦文の生徒は、家族が進学先に理解を示し、作品においても秀でている。なお、文面については生徒に公開して、本人の意向と齟齬が生じないようした。

①について

　高校時代の様々な経験が、その後の活動や進路につながっている。時には本人がそれを意識していない場合もあるだろう。面談を通して振り返り、意味づけをしてあげるのが、担任の大切な仕事である。

　生徒は、海外の研修旅行を通じて、歴史を継承する文化を強く意識した。これが契機で、国内においても8世紀につくられた琵琶の制作技法がインドにも見られるという知識が得られただけでなく、論理的に述べるために練り上げられた発表の内容には説得力があったことを書いた。

②について

　美術系大学の場合、ややもすると好きな世界に没入して一人作業になるものと思われがちである。そこで、日頃から多くの美術作品に触れ、幅広い分野に対しても問題意識をもっているのか、新規領域に尻込みせずに挑戦する行動力があるのかを生徒に問いかけた。その結果、これからの時代に大切な、異なる価値観の他者と積極的に関わる場面を明記できた。

③について

　「ソサエティ5.0」で目指す高度情報化社会では、AIやロボットには代替不可能な人間としての心の領域の育成が求められる。生徒は社会を創造的に生き抜くために、大学選びの際にアドミッション・ポリシーと研究理念を比較して、見学時に検証している。そこで得た学びと体験が生徒の将来像と重なるように表現して結びとした。

コラム クラウド型学習支援システムについて

1. 増え続ける現場への要求と学校ICT化へのニーズ

　指導内容や入試の改革、生徒の学びに対する主体的な態度の育成など、教育は変化し続け、現場への要求は増え続けるばかりです。このような背景もあって、クラウド型学習支援システムへの注目は年々高まり、令和元年（2019年）現在で、導入校は2,500校以上にのぼっています。全国の高校の2校に1校が利用している計算です。教育現場の負担をICT化によって軽減し、これまでの指導をより効率化したいという学校側のニーズがうかがえます。

2. クラウド型学習支援システムの2つの機能

　このクラウド型学習支援システムは2つの機能を兼ね備えています。「ポートフォリオ」と「アダプティブラーニング」の機能です。

　生徒は、「ポートフォリオ」によって、授業での学びや学校行事などでの気づきを記録していきます。教師は、日々の振り返りの蓄積、成績データ、学習時間や進路調査などを多面的にとらえて指導でき、主体的な学びと進路実現へ導くためのツールになります。

　「アダプティブラーニング」とは、一人ひとりに合わせた学習方法のことです。多様な生徒に対し、学習動画などでの自学により、自分のペースで効果的に知識を習得することが期待されています。

3. ICTだからこそ、コミュニケーションが重要

　画面上で生徒情報も学習動画も完結してしまうので、それに関わるコミュニケーションがより重要になります。ポートフォリオに蓄積されたデータを参照することで、学習状況や心情などが把握しやすくなるため、個に応じた指導やアドバイスができるようになります。この機能を活用して、教師・生徒・保護者が相互にコミュニケーションをとり、生徒が希望する進路実現につなげたいものです。

第 ③ 章

志願者本人の記載する資料等の指導例

Ⅰ 　　 活動報告書

Ⅱ 　　 大学入学希望理由書

Ⅲ 　　 学修計画書

1.　活動報告書について

　活動報告書とは、大学入試の出願時に調査書等と合わせて提出が求められる「志願者本人の記載する資料等」の一つである。これまでも AO 入試や推薦入試では活用されてきたが、今後も「総合型選抜」「学校推薦型選抜」はもちろん、「一般選抜」においても各大学に積極的な活用が促された。

　活動報告書の目的は、高校生一人ひとりが積み上げてきた大学入学前の教育活動を大学側が評価することにある。大学入学希望理由書と学修計画書が、大学入学後の学びや取り組み、将来の抱負などを語るものであるのに対して、活動報告書は**高等学校までの学習や活動の履歴を記載する**ものという違いがある（19 ページの図参照）。

　文部科学省の『見直し予告（通知）』では、この活動報告書の記載内容について以下のような例を示し、各大学の募集要項に盛り込むよう求めている。

　○「総合的な学習の時間」等において取り組んだ課題研究等
　○学校の内外で意欲的に取り組んだ活動
　　・生徒会活動、部活動、ボランティア活動
　　・専門高校の校長会や民間事業者等が実施する資格・検定等
　　・その他生徒が自ら関わってきた諸活動、各種大会・コンクール等、
　　　留学・海外経験等、特色ある教育課程を実施する学校における学
　　　習活動等

　また、次のような注意すべき点があるので、生徒と確認しておきたい。
①特に「総合型選抜」や「学校推薦型選抜」においては、活動報告書に関するプレゼンテーションなどを行う形で、より積極的に活用することが求められていること。
②芸術系などにおいて実技に関し評価を行う場合には、必要に応じ、活動報告書を積極的に活用することが求められていること。

2. 指導のポイントと留意点

(1) 様式について

　文部科学省の『見直し予告（通知)』にある「様式のイメージ」として例示されたものは、以下のような記入事項で構成されている。

---

(1)　学業に関する活動

　①　学内での活動内容　活動期間（○○年○月〜○○年○月）
　　　「総合的な学習の時間」、部活動、生徒会活動等において取り組んだ課題研究等

　②　学外での活動内容　活動期間（○○年○月〜○○年○月）
　　　ボランティア活動、各種大会・コンクール、留学・海外経験等

(2)　課題研究等に関する活動

　①　課題テーマを選んだ理由

　②　概要・成果

(3)　資格・検定に関する活動

　　　資格・検定・試験等の名称　　級・スコア等　　取得等の年月

　上記の様式は文部科学省の例示であって、大学ごとに様式が決まっている場合もある。例えば、記入事項を具体的に指定している大学もあれば、大枠を示しているだけの場合もある。記入量についても、項目ごとに箇条書きで簡潔に記入すればよい大学もあれば、原稿用紙のようなマスを用意し文字数を指定して説明を求める形のものもある。また、参考資料・証明資料の添付を求める大学もある。

　志望する大学のアドミッション・ポリシーと併せて、募集要項や公式ホームページをしっかり確認させ、どのような内容でまとめ上げていくかを相談しながら記載を進めていきたい。

（2）　記入内容の指導のポイント

　「志願者本人の記載する資料等」の作成に共通して言えることではあるが、生徒が最初になすべきことは、出願する大学のことをしっかりと調べることである。創立の由来から、その歴史。4年間のカリキュラムや授業内容、教員の専門分野。そして、必ず掲げられている「求める学生像」。

　これらの情報を、オープンキャンパスや募集要項・ホームページを通じて確実に把握することが受験の第一歩である。労力を惜しまず、できるだけ足を運んで情報収集にあたる、その過程こそが、入学後の「こんなはずではなかった」というミスマッチをなくしていく一方策である。

　その上で、記入内容に関する以下のような指導をしていこう。

①時系列でリストアップする

　まずは、これまでの学内・学外での様々な活動や、課題研究で取り上げてきたテーマなどを振り返らせてみよう。そして、それが「いつの活動なのか」「どのような活動だったのか」を活動期間の順に並べて簡潔なリストにさせる。

　資格や検定・試験等については、その正式名を調べ、取得している全てのものを時系列（取得年月日）で並べてリストアップさせる。

②アドミッション・ポリシーの理解を深める

　志望大学・学部のアドミッション・ポリシーを再度熟読させ、理解が深まっていることを確認する。そこから、生徒自身のこれまでの活動の何が大学入学後の教育と関係しているか、或いはどのような活動や資格等が研究の活性化に結び付くのかなどを考えさせていきたい。

③内容を掘り下げるための「問いかけ」を繰り返す

　アドミッション・ポリシーが掲載されているところには、「求める学生

像」も掲げられている。これを参照しながら、自身をもっともアピールできそうな活動を選び出す作業が重要である。上記①②の過程をしっかりとクリアしていなければミスチョイスにつながる。生徒の意向も確認しながら、「問いかけ」によるやり取りが求められよう。

　次に、選び出した活動について、書くべき内容を掘り下げさせていく。ここでの指導も、教師側からの「問いかけ」や生徒からの質問への応答、記入にあたってのアドバイスなどの繰り返しが必要になってくるだろう。

　例えば、次のような「問いかけ」が考えられる。

- ・「活動内容が正しく伝わる具体性があるか」
- ・「活動のなかでの自身の役割とは何か」
- ・「その活動における自身の貢献のあり方はどのようなものか」
- ・「なぜ、その活動が自身の成長につながったのか」
- ・「今後の大学生活や将来にどう関わるのか」

④「書くことがない」という生徒への対応

　活動報告書は、抜きんでた実績や資格でなければ記入できないものではないし、貢献度の高い役割やボランティアなどだけが記載内容ではない。大会での敗北経験も、学校行事や地域活動での失敗経験も、そこから学んだことや自身の成長につながったことがあるなら、アピールポイントにもなると理解させよう。「無駄な経験などない」のである。

⑤記載内容は面接での参考資料

　活動報告書を面接やプレゼンテーションに積極的に活用する大学が増加することは確実である。担任の事前指導の段階では、記載内容を十分に再確認させ、より説得力を高められるよう、各事項について生徒自身の言葉で心のこもった説明ができるようにさせておきたい。

　また、進路指導部や学年全体の協力による指導も不可欠となる。

（3）　記入上の留意点

①具体的な活動の経緯と自己分析を語る

　大学が指定した様式にもよるが、活動内容の事実だけを羅列しても大学側は評価してくれない。実績や成果を得た経緯を語り、「なぜ」「どのように」そこに至ったかを自己分析し、それがわかる記載方法にする必要がある。

②段落の構成を考える

　下書き段階で、「活動内容の詳細・取り組んできたこと」→「学んだこと・得たこと・変化したこと」→「それを活かした大学生活への展望」という基本的な段落構成を意識させる。誤字・脱字は論外である。

③「学力の３要素」を踏まえた表現も

　自分の言葉を用いて記載することは大切であるが、アピールするという趣旨からも、月並みな言葉やフレーズは避けさせたい。

　「学力の３要素」も踏まえて、例えば、文化祭では「友と力を合わせて頑張った」よりも、「多様な個性をもった友との協働は今後の研究活動にも活かされる」とするほうがアピールする力も強くなるだろう。

④成果が出なかったことも活かす

　特に「課題研究等に関する活動」については、輝かしい成果だけを記載するのは困難な場合が多いのではないだろうか。したがって、努力はしたが成果が出なかったことや、目標達成に至らなかったことに触れるのもよいだろう。未達成な内容を大学入学後の目標に掲げ、その反省を活かしながら課題解決に取り組もうとする決意や具体的な解決方法を記載すれば、それは立派な報告書にもなる。

活動報告書　記入のチェックポイント

☐ **自己アピールにつながる活動内容を選択しているか**

＊生徒の資質や持ち味を大学側に十分評価してもらえる活動内容を選んだか、他の選択肢はなかったかを本人とともに再確認する。

☐ **アドミッション・ポリシーをふまえた内容になっているか**

＊活動による成果と大学の示す「教育方針」等との間に関連性があり、その成果を大学生活にも活かせるように記載されているか確認する。

☐ **記載事項は正確か**

＊活動時期・活動場所、資格の名称・取得時期、大会やコンクールの名称、課題研究等で使用した参考文献などが、正式で正確なものとして記載されているかチェックする。

☐ **稚拙な文章表現や誤字等の含まれる文章になっていないか**

＊これから大学で学び研究するにふさわしい表現力や文章構成力をもち合わせているか、これは重要な要素である。できるだけ漢語も使っているか、独自性のある言葉で表現しているかをチェックする。

☐ **記載内容に基づいてプレゼンテーションの練習をしたか**

＊面接等では活動報告書が基礎資料になる。本番までに、記載内容への理解を深めて、数回はプレゼンテーションの練習をさせておきたい。

活動報告書

3. 指導例

◆学校内＞ホームルーム活動の活動報告書◆

<活動期間 ○○年○月～○○年○月>

　私は2年次と3年次にホームルーム副委員長としてクラス運営に携わりました。1年生の時、チームをまとめる部活動の先輩に憧れ、自分も「集団を引っ張っていく経験を積みたい」と考え立候補したのです。そして、この経験から2つのことを学び得ました。

　一つ目はリーダーシップの本質です。それまでリーダーとは「仲間をぐいぐい引っ張っていく存在」と思っていたのですが、現実はクラスの意見を集約できず、人間関係も調整できない自分を知ることになりました。その克服には委員長と他の生徒の間に立って、丁寧な話し合いを重ねることが必要でした。リーダーシップとは、人の声に耳を傾け、コミュニケーションを大切にすることだと理解した経験でした。 ── ①

　二つ目は責任感の意味です。2年生の文化祭では「焼きそば販売」をクラス企画としましたが、初日の数々の不手際で来場者に混乱を招いてしまったのです。ここで委員長と相談の上、「来場者ファーストにしよう」と仲間と合意し、販売数や開店時間等の再考・変更によって2日目を乗り切ったのでした。その際の合言葉は「他の人の喜びは自分たちの喜び」です。責任とは、各自の仕事を全うすることだけでなく、その仕事の結果を来場者にも喜んでもらってこそ果たせるのだということを学んだ瞬間でした。そして、これによって販売の数値目標も達成できました。 ── ②

　この2年間のサブリーダーとしての、人と人をつなぐことやマネジメントの経験を、何らかの社会貢献という形で活かせる仕事をしていきたいと思います。それを実現するため、大学での研究には経営学やマネジメント論を中心に据えていきたいと考えています。 ── ③

指導のポイント

特別活動の一つであるホームルーム活動は、教師による連絡の場だけではなく、人間教育という側面も有している。教師と生徒のコミュニケーションの場、生徒同士の信頼関係構築の場という多くの活動場面を通じて、社会で生きていく上で求められるリーダーシップやフォロワーシップを理解していくのである。そういった成長過程を活動報告書に盛り込んでいくことも大切にしたい。

①について

「リーダーシップ観」が、自らの体験によって変わっていくことを記載してみるよう指導した。「ぐいぐい引っ張っていく」イメージが「憧れの先輩」や「尊敬する先生」などによってつくられていたが、その立場になって現実を経験したことから、自分の長所を活かすようなリーダーシップ観に変容した。その過程を短い文でうまく表現できるようになった。

②について

文化祭という一つの事例を使って、仕事を成し遂げていく上での「責任感」とは何かを考えさせてみた。そこで思い出したのが、トラブルが起こった際にだれかが発した、「他の人の喜びは自分たちの喜び」という言葉だった。副委員長だったこの生徒は、この信念を生徒同士で共有し、やるべきことの合意形成を図る役割を果たした。このことから「責任感」の意味に気づいたのだが、クラスメートの意見や目標を達成した時点で感じた思いなども加えた構成にすれば、もっとまとまりのある文章になるだろう。

③について

自分の経験したことを今後どう活かしていきたいのかの表現について指導した。2つの「カン」（リーダーシップ観・責任感）への独自の解釈をさらに深めるため、経営学やマネジメント論を学んでいこうとする意志が端的によく表現できたと思える。ただし、例えば第一段落にも自己の未来像を述べたり、高校生活の経験で得たことをどう自己に価値付けたのかなどを表現したりすることで、さらに良い文章になるだろう。

活動報告書

◆学校内＞生徒会活動の活動報告書◆

<活動期間　○○年○月～○○年○月>

　私は図書委員として３年間活動してきました。図書委員は地味な仕事です。しかし多くの学びがありました。学校図書館のカウンター業務では午後５時まで貸出・返却手続きを行いますが、カウンター当番に来ない人が多く、私は図書副委員長として問題解決に苦労しました。仕事をしない人がいるとしわ寄せが他の委員に及ぶので苦情を伝えるのですが、当初はなかなか受けとめてもらえませんでした。しかし、やりとりのなかで、感情的にならずにお互いの言い分を伝え合う方法を学びました。批判する前に、まず相手の事情に耳を傾け、その上でどうすればよいのかを共に考える姿勢でのぞむこと。これが協働には大切だと実感しました。その後は参加率も少し上がりました。 ──①

　書架整理では、紛失図書や未返却本の多さに驚きました。図書館便りや啓発ポスターを作ってこの問題を大きく扱い、ホームルームでも議題にとりあげてもらいました。生徒の規範意識に訴えるこのような試みにより、返却率の向上という成果をあげることができました。 ──②

　さらに、私は「ビブリオバトル」の活動にも熱中しました。これは５分で本を紹介し、優れた書評を参加者に判定してもらう「知的書評合戦」です。私は大好きなミステリー小説を紹介し、校内大会を勝ち抜いて県大会に出場し、二回戦まで進みました。そこで他校の図書委員と知り合いになり、今でも交流があります。ビブリオバトルで他校生から紹介された本のなかには私の愛読書となった本もあります。 ──③

　私はお世話になった司書の先生に強い影響を受け、将来は高校の国語教員か司書を目指しています。大学では人間社会の多様な文化を理解する言語、文学的考察力を得るとともに、図書館学も勉強し、図書館の仕組みそのものにも精通したいと考えています。

指導のポイント

　生徒は全員が全員、目立つような成果を上げる人物というわけではない。おとなしく地味な生徒であっても、コツコツと積み上げてきた成長内容を誠実に記すことで一つの活動報告書となりうるだろう。

①について

　学校図書館のカウンター業務という一見地味に思える仕事であっても、そこには他人との協働があり、多くの学びがある。この生徒の場合、「具体的な活動内容」（貸出業務）、「その活動内における自分の役割や貢献度」（仕事に来ない委員への対応）、そして「協働のなかでどのように成長したか」（葛藤を通じてコミュニケーション能力を高め、成長することができた点）というポイントをおさえる記述となるように指導を行った。

②について

　この生徒は書くことが思いつかずに困っていると主張していたが、図書委員としての業務内容を一つ一つ思い出させるなかで書架整理をとりあげるに至った。書架の整理もカウンター業務と同様に、目立たない仕事であるが、図書館運営には不可欠であり、その業務を通じて学校図書館をめぐる大きな問題に気づくことができた。そのことを率直に書くように指導し、併せてその問題解決のために自分が取り組んだ活動と周囲に与えた積極的な影響についても記すように促すことで、充実した活動報告となった。

③について

　図書委員会に関連して、ビブリオバトルの活動紹介にとどまらず、それに付随した様々なエピソードも列挙させた。その結果、学校外の人々との主体的な交流についても触れることができた。さらに、自分が高校生活で培ったものを土台として、大学生活では何を学びたいか、そして将来はどのような展望をもっているかについても簡潔に記述している。この内容は本人が進学を希望している大学のアドミッション・ポリシーを踏まえたものとなっている。

活動報告書

◆学校内＞学校行事の活動報告書◆

<活動期間　○○年○月〜○○年○月>

本校では、第1・2学年全クラス参加による合唱祭を毎年2月に行っています。私は高校2年生の合唱祭では指揮者を務めました。結果は16クラス中の第3位でしたが、発表当日を迎えるまでの間には、様々な大切な経験をさせてもらいました。私の力不足で練習が数日間止まってしまい、「もうやめる」と無責任にも叫んでしまったときの悲しい経験、それを泣きながら支えてくれた真の友人の存在に気づいた経験。そして、つながりの弱いクラスが、強い絆をもった集団へと変わっていくことを実感できた経験などです。 ①

私が指揮者として挫折したとき、隣のクラスの練習をのぞいてみました。そこで気がついたのは、「ハーモニー」は技術ではなく、一人ひとりの心のつながりでつくり上げるものなのだということでした。その中心には、皆を信じて上手に働きかける指揮者がいたのです。その姿から学んだ私は、それ以来、常に各パートのそばにいて、共にほめ合ったり笑い合ったりすることや機器の操作係をすることなども心がけました。優勝は逃しましたが、人を動かし、みんなの心を響き合わせられるように働きかけるリーダーとは、仲間を信じて言葉や行動をも大切にする存在なのだと理解できたような気がします。 ②

私は「物流」に関心があり商学部を志望しています。ただ、「物の流通」とはいえ、「輸送」「保管」や「流通加工」等を通じて市場活動を豊かにしていくのは、やはり「人」です。私は高校時代に、「人との交流」を通じてこそ心からの協働ができるし、その心をつなげるリーダーには言葉も行動も必要なのだということを学びました。大学ではこの視点をもって心理学や社会学の勉強にも挑戦し、人々の心をも豊かにする「物流」の研究が深められるよう努力していこうと考えています。 ③

指導のポイント

　学校行事は、集団が形成されていく喜びもあれば生徒間の軋轢も生じる。その場面で感じ考えたことや克服していった経験が、これからの大学生活や将来の職業にも活かせることを強調するような記載に工夫をさせたい。

①について

　学校行事のなかでも、どのような内容の活動なのか、その活動のなかで自分が意欲的に取り組んだことは何か、を具体的に記入させる。意欲的には取り組んだが失敗してしまった場合でも、自身の成長につながったり、何らかの学びがあったと分析できるなら、それを記載することには大きな意味がある。記載しようとしたこと自体が、誠実さの表れでもある。また、自身の貢献の仕方がリーダーではなくフォロワー的なものであっても、視点を変えて書けば十二分に評価できる活動実績となるはずである。

②について

　ここでは、「学力の3要素」にも関係させて、自らの失敗経験に対して主体的に問題解決をしていこうとした姿勢に触れさせた。また、友人や他者の力を借りながら協働的な態度で向き合っていった経験もあったので、その点にも言及できるようにアドバイスした。その結果、学校行事を通じてクラスの団結や「強い絆」が、なぜ生まれてきたのかということに気づいたり、活動過程で自身が心がけたことや得たものの意味についても深く掘り下げていけるようになったことは大きな成果である。これらを的確な言葉で綴る表現力を磨くためにも、何度も書き直しを指示した。

③について

　様々な学校行事の活動を通じて獲得した「ものの見方・考え方」、または得たスキルなどが、今後の大学生活や研究にどうつながるか、どう活かせるかにも言及させたい。この例では、「物流」の「物」に対して「人」を対置させて考えさせてみたが、できるだけ志望学部に関わる事項を調べておくように指導して、それが自分の活動経験と「こう結びついている」という記載になるとよいだろう。

活動報告書

◆学校内＞部活動の活動報告書◆

<活動期間　○○年○月〜○○年○月>

私は高校3年間バドミントン部に所属していました。私は他の部員に比べて体力がなく、また緊張のあまり失敗することも多く、1年次の試合出場はありませんでした。退部も考えましたが、好きなバドミントンをやめて目標のない毎日を送るのは嫌だと思いました。私は何とかして試合に出場したいと思い、規則正しい生活を心がけて心身を整え、筋力トレーニングを毎日行い、フォームの改善にも粘り強く取り組みました。そうすることで次第に体力がついて基本的な技術も向上し、落ち着いてプレーができるようになっていきました。その結果、練習試合で勝てるようになり、2年次からは大会の選手に選ばれるようになりました。　①

また積極的な仲間たちの影響で、自ら行動できるようになりました。「有言実行」をモットーに、一番先に練習を始めることと掃除を徹底することを自分に課していたら、2年次に副部長に選ばれました。練習メニューをめぐってもめ事が起きた場合には、すぐにミーティングを開き、意見をすり合わせる調停役となりました。この経験によって、意見がくい違っても合意形成に導くことができるようになりました。3年生では県大会に出場できましたが、自分の弱点を把握して改善するよう努力し続けた結果であると考えます。　②

私は3年間の部活動を通して、自分で改善策を考える力や、努力を継続することができる精神力、仲間と協力し合って物事を達成する協調性を得ることができました。大学では法学部で社会政策を学び、将来は地方公務員になって地方行政に携わりたいです。法律や行政に関する専門知識を根気強く身に付け、様々な社会問題の解決策を考えるにあたり、部活動で得た力を活用したいです。　③

指導のポイント

　近年は、練習量や対人関係において部活動の実態は変化し、活動日数に制限が設けられる学校も増えている。また顧問と生徒、上級生と下級生の上下関係も以前より緩やかになったといわれている。運動系及び文化系のいずれにしても、生徒の主体性を重んじる部活動の傾向に沿って、生徒自身がどのように自己の向上に向けて取り組み、仲間たちと協調性を育んでいったかについて書かせたい。そして、その経験と大学生活への抱負を結びつけて書くよう指導したい。

①について

　部活動ではまず技術面で壁にぶつかるものである。何がきっかけとなって自分のやり方を改善しようと思ったのか、どのようにして自己管理に取り組んだのか、本人の書いたメモをふくらませて具体的に書くよう指導した。また、他者の助言を受け入れるだけではなく、自ら改善案を編み出したことを書かせ、思考力・判断力に富むことを印象づけさせた。

②について

　部活動を通して得た内面の変化を書かせた。はじめは「我慢強くなった」「協調性が生まれた」といった曖昧な書き方であったため、本人のモットーや、集団のなかでどのような役割を果たしたのかなど、努力家である点や集団内で合意形成を果たすための調整役ができる人柄が伝わるように書かせた。

③について

　3年間の部活動を通して、自分自身と向き合って問題を解決する力を身に付けたこと、多様な価値観を受け入れて仲間との協調性を育んだことなどをまとめさせた。そして、その力が社会における様々な課題解決を目指すという「社会政策」を大学で学んでいくことに活かされることをアピールさせた。

◆学校内＞授業等での活動の表彰・顕彰等の活動報告書◆

<活動期間　○○年○月〜○○年○月>

　私は、様々な書体が並ぶ書道辞典で気に入った文字に付箋を貼って、一画ずつ丁寧に書き写すのが好きでした。文字が動画のように動き出す感覚があるからです。ところが、書道の授業では「とめ・跳ね・払い」の基本的な運筆を見たように臨書できず、放課後に残って課題に取り組んだこともありました。そのとき、先生が篆刻を勧めてくださいました。

　県知事賞を頂いた「趣舎万殊（しゅしゃばんしゅ）」とは生き方にはそれぞれ違いがある、という意味で、書聖王羲之（おうぎし）の「蘭亭序（らんていのじょ）」から選びました。

　篆刻は、方寸の石に古い書体の文字を反転させて書き写し、コリコリ音を立てながら印刀で彫っていくものです。これがとても爽快でした。印面にぽんぽんと印泥（朱肉）をつけて、白い紙に押すと、鮮やかな赤が浮き立ちます。もちろん全くの初心者の頃は、先生のアドバイスが理解できないこともありましたが、何度も試作することで、表現力が身に付いたことを実感しました。

①

　本校の書道部は甲子園の出場を目指しています。私は書道部員ではありませんが、ボランティアという立場で協力しています。体育館の二階から、音楽に合わせた時の全体のパフォーマンスを見通して、気がついたことを伝えています。また半切（はんせつ）の紙を貼り合わせる地道な作業を手伝ううちに、部員とも交流ができるまでになりました。書道部の生徒はマイペースの私を温かく迎え、頼りにしてくれているのが嬉しいです。それは書に対する思いが共通しているからでしょう。

②

　私は、放課後も夏休みも授業の延長として指導してくださった書道の先生に強い影響を受け、将来は高校の教員を目指しています。これからの時代にこそ、活字の原点である様々な書体の美と思想を伝えていけるよう、言語や歴史について理解し、役立てていきたいです。

③

指導のポイント

『見直し予告の改正（通知）』の「Ⅱ調査書や提出書類の改善について」によると、表彰・顕彰の記録については、志願者が記載する資料に、学校の内外で意欲的に取り組んだ活動履歴を盛り込むことを求めている。

ここでは生徒個人のコンクール受賞例を挙げるが、記入に際しては、どのレベルの記載が求められているのか（インターハイ、○○甲子園）を募集要項等で確認しておくことが望ましい。

①について

日頃から文字文化に親しむことを通して身に付けた力を、篆刻でどのように発揮することができたかを記述するように指導した。

書の世界には多くの異体字、書体、書風、が存在する。小さな石に文字を書いて彫るという篆刻の分野に特化したのは、生徒が生来持ち合わせている判断力と集中力を十分に活かせた証左といえるだろう。

そこで、自分の成長を具体的に思い出しながら記述させ、表彰を受けるに至った経緯を振り返らせた。

②について

書道は個人活動であっても、他人の作品鑑賞や相互評価を通じて、新たな気づきや技法を向上させることができる。特にこの生徒の場合、集団との関わりの際に配慮と工夫をすることで、人間関係形成に変容がみられた。他者のために能力を発揮した結果、自己の良い面に気づくことができている。このような体験の積み重ねが、いっそう生徒の生活を豊かにしていくであろう。

③について

高校生活で培ったことや体験をもとにして、大学生活では何を学びたいか、そして将来はどのような展望をもっているかを簡潔に記述している。文字の歴史や表現の理解を通じて、この生徒はより幅広い世界観をもてるだろう。

◆学校外＞ボランティア活動の活動報告書◆

<活動期間　○○年○月～○○年○月>

私は２年生の夏に学童ボランティアに参加しました。参加理由は、私には妹と弟がおり幼い頃よく世話をしていたことと、単に子どもが好きだからという理由でした。参加前には「兄弟の世話をする」くらいの感覚で臨んだのですが、ボランティア先での現実は違ったのでした。——①

学童クラブには様々な小学生がおり、個別の対応には本当に苦労しました。みんなと一緒には遊べない児童や、遊びの途中で急にルールを勝手に変えてしまう児童。規則を守れずにケンカでしか解決できない児童等々。そんなときに、指導員からもらった「一人ひとりから丁寧に話を聞き考えさせる」というアドバイスの通り実行したところ、問題の解決につながったり、子どもたち同士での解決が可能になりました。傾聴と対話の大切さに気づいたのでした。また、家庭環境も成育の過程も違う異年齢の集団をまとめることの大変さを、改めて思い知らされました。——②

さらに、このボランティア経験は、自分の進路についても深く考えるきっかけにもなりました。子どもの世話をすることの喜びを再認識できたことと同時に、経済的に恵まれない家庭や共働き家庭で育つ子どもたちの現実を知って、保育の道へ進みたいと考えました。そういった家庭や子どもたちの力になりたい、居場所をつくって沢山の笑顔が見たいと強く思うようになったのです。——③

このボランティアは、小さな力でも社会に貢献できるということや、自らをも変えてくれるものだと教えてくれました。大学入学後も活動をつづけ、幅広い知識と経験をもった保育士を目指したいと考えています。

指導のポイント

　ボランティア活動の内容は多様であり、そこで体験することも様々であるから、具体的でわかりやすい記載を心がける必要がある。また、ボランティア活動は強制されるものではないゆえに、活動に取り組む生徒は自主的に動けるという証にもなるので、その点をアピールする書き方にも工夫させた。

①について

　ボランティア活動に参加するに当たっての姿勢と、参加後の生徒の姿勢に変容があることをはっきりと表現させることを目的に、あえて率直な言葉で述べるよう指導した。また、生徒が自身の家庭環境を述べた個所があるが、これも人物像を浮かび上がらせる一表現として残させた。

②について

　ボランティア活動に臨むに当たっての生徒の未熟さが、かえって学びを深める場合もある。そういったことを具体的な経験として書けるように、学童クラブで出会った児童の現実や指導員等の言葉がけ等を一つひとつ挙げてみるように求めた。そのなかから、生徒自身が主体的に関わったために、それが将来につながる「気づき」にもなった事例を語ったので、「傾聴と対話」との言葉をアドバイスして記載させた。大学からプレゼンテーションを求められた場合には、正確な内容説明をする必要がある。その対策としても、具体性のある事例を用意し、さらなる詳細を語れるようにしておきたい。

③について

　ボランティア活動では、どんな場面に直面し、どういった行動をとった結果、将来への強い希望が湧いてきたのだろうかと問いかけた。その上で、そこで学んだことを今後どう活かすか、自身のどんな将来につながるのかの順で整理をさせた。結果的に、「保育士になる」という使命感をもった。ボランティア活動に大きな意味があったわけである。それは、この活動報告書によって読み手である大学側にも伝わるだろう。可能なら、体験から得た「能力」にまで触れられると厚みのある活動報告書になる。

活動報告書

123

◆学校外＞各種大会やコンクールの活動報告書◆

<活動期間　○○年○月～○○年○月>

　私は「持続可能な開発目標」（SDGs）を学校の探究的学習における研究テーマに選び、国連サミットで定められた17の目標のうち、「ジェンダー平等推進」に特に関心を持ちました。その目標に向けて高校生の自分たちにもできることを話し合い、私たちのまわりにある性別による固定観念に関する問題提起をクラスで行うなどの活動をしてきました。　──①

　そんな折、Y新聞社主催の「中高生未来創造コンテスト」の存在を知りました。そこで自分たちの追究してきた研究成果をさらに発展させ、社会に発表する機会を得たいと思い、同級生3人と一緒にこのコンテストに応募しました。応募にあたっては、すでに発表したことをベースに、より広範囲にわたってアンケート調査を行い、その結果を分析しました。その検討の過程で3人のなかでも性差をめぐる意識の相違から意見がぶつかったりしましたが、最終的には多様性を受け入れ、偏見や差別を否定する社会を目指すべきだという点で意見が一致しました。私たちの考察は、学校内にある男女別の色指定や、育児中の女性の先生の多忙さ解消などの問題に今後どう取り組んでいくかを提言するものでした。それは、性差を否定することではなく、社会におけるジェンダー平等のための考察です。その結果、幸いにも優秀賞をいただくことができました。　──②

　この入賞をきっかけとして、よりよい未来の創造に向けて少しでも力になれればこんなにうれしいことはありません。大学入学後は社会学を学び、フィールドワークを行って調査活動を続け、ジェンダー平等推進と社会差別の問題を大きなテーマとして、研究をさらに深めていきたいと考えています。　──③

指導のポイント

　各種大会やコンクールの活動実績は、自ら見つけた課題に対して探究や協働の過程を通じて問題解決を進めてきた成果の具体的な報告でもある。大会やコンクール等に参加することで、未知の状況にも対応できる思考力・判断力・表現力等が深められる。また、そこで得られた学びを、大会という一つの「社会参画」で活かすことができれば、その前向きな姿勢も評価されるだろう。

　多くの生徒にとって、学校外活動として各種大会に自分から出場することは少ないだろう。そこで、例えば「○○アワード」「○○甲子園」等、機会を逃さずに生徒に呼びかけてみてはどうだろうか。多くのコンテストや大会が高校生の参加を待っている。日常の学習や探究活動の延長で、気兼ねなく参加できる大会もあるはずだ。ここに挙げたのはそのような例の一つである。

①について

　大会に参加しようとしたきっかけについて具体的に述べるよう促した。どんな問題意識があったのか、その解決のためにどのようなテーマを設定したのか等の経緯をたどることで、いかに課題を発見したか、そしてどのような意図で大会に参加したかについて改めて確認させることができた。

②について

　大会に向けて、仲間と議論・調査・発表という活動の具体的な取り組みをまとめさせ、その表現活動を通じてどのような学びや葛藤があったかについて振り返らせることで、自身の成長の記録にもなった。

③について

　コンテストに参加し表彰された結果、何が得られ、大学入学後は大会の成果をどのような形で活かしていけるか。大学側も、単に単位を取って卒業していく学生ではなく、学問の場を活性化させるような積極的な人材を求めているはずである。活動報告書はその点も踏まえ、単に受賞歴を書くだけで終わらせず、そのテーマを研究活動にも継続させていこうとする意志や意欲を伝えられるようにさせたい。

◆学校外＞留学・海外経験の活動報告書◆

<活動期間　○○年○月～○○年○月>

　私が１学年で留学したカナダのバンクーバーのＡ高校では多文化主義教育を実践しています。初めの頃は英語が聞き取れず、帰国したいと思うような日々が続きました。しかしこのままでは留学を決意した意味がないと思い至り、ボディランゲージを駆使して級友とコミュニケーションに励むなか、学内で国内外の様々な文化を紹介するイベントがあることを知りました。私は茶道に少しばかり心得があったので、勇気を奮って日本文化「野点（のだて）」のリーダーに立候補しました。 ──①

　開催日までには、地元の日本食レストランにお願いして茶道具をお借りすることができたので、友人には「立礼式（りつれい）」でのお運びの作法を教えました。また、食材業者に英語で抹茶や和菓子を注文し、野点用に赤い毛氈（もうせん）を洋裁店で調達しました。パンフレットを仲間と一緒に考えて作成したことで、英語力も向上できました。

　ところが準備不足もあって、当日はいろいろなトラブルが起こりました。そこで、皆を集めて「一期一会」を大切にしようと声かけをして、集中して取り組んだところ、日本文化について関心をもったという感想を、来場者の方からたくさん頂戴しました。 ──②

　この経験は、帰国後の文化祭実行委員長としての活動に活かされました。２週間前から毎日壁新聞を作り、開催までの準備確認や運営のメッセージを発信し続けました。どの団体も無事故で催し物を成功させることができて嬉しく思いました。

　貴大学の国際社会学部では、グローバル社会の実態を理解し、多文化共生社会を目指すための勉強を深めたいと考えています。 ──③

指導のポイント

留学や海外経験についての活動を記述する際には、その生徒が実際に肌で感じた臨場感のあるエピソードがほしい。

そこで、新たな環境に飛び込んだ経験から何を学び、英語力や調整能力がどのように向上したかの経緯を具体的に記述させた。その際にはうまくいかなかったことや、その克服についても振り返らせた。

①について

ここでは日本と異なる環境で、困難な状況をどのように打開していったのかを書かせた。具体的な行動としては、初期段階ではボディランゲージを用いて意思疎通ができるようになったこと。次に、イベントで日本文化を伝えたいという意思が芽生えて、仲間を募って率先して行動したことである。

②について

茶道の「野点」を企画・運営することを通して、どのように自分の役割を果たしたか、または周囲の仲間がどのように変容したかをまとめさせた。

準備の手配の苦労や、当日の円滑な運営を目指そうと奔走する様子が書かれている。海外の地において、「一期一会」の精神で取り組もうとする気持ちが皆の心を結束させ、結果として来場者から好評を得た。生徒の大きな自信となったこの経験を記述させた。

また日本文化を紹介するパンフレットの作成でも、本人が苦手としていたコミュニケーション力が高められたことにも触れるようアドバイスした。

③について

イベントの開催は数日でも、その準備や調整は一日にしてできるものではない。生徒は留学経験によって、全く考え方の異なる人たちと良好な人間関係を築くことができた。さらにはその能力を活かし、帰国後には文化祭の実行委員長となり、壁新聞で各団体を鼓舞することに力を注いだ。

大学生活では何を学びたいか、そして将来のどのような展望をもっているかについても簡潔に記述させた。字数が許せば、そのビジョンも述べさせてみたい。

活動報告書

◆学校外＞地域活動の活動報告書◆

<活動期間　○○年○月〜○○年○月>

私は2年次に地域の夏祭りにボランティアとして参加しました。学校が地元の商店街と連携している活動で、七夕飾りを作ったり、清掃や警備を担ったりしました。最初は何から着手したらよいのかわからずとまどいましたが、ボランティア仲間たちと話し合いを重ねるうちに祭りの全体像が見えてきて、人手が足りない時間帯や分担場所が出ないようにスタッフの配置を工夫しました。 ──①

祭りの当日は大量のゴミを分別する作業に手間取り、段取りがきちんとしていなかったことを反省しました。一方で人と接することが好きなので、周囲のお年寄りたちに声をかけながら一緒に盆踊りを踊ったり、輪投げゲームなどの競技イベントで司会をして、子どもたちが楽しめるように盛り上げたりすることができました。

この活動を体験して、自分の分担をこなすだけではなく、助け合うことで大規模な仕事をスムーズに進められるということが理解できました。地域の人々が協力し合ったことで、祭りが順調に進行し、大盛況のうちに終了したのを見て、今まで味わったことのない達成感を感じました。数週間とても忙しかったけれど、大勢の人が笑顔で夏祭りに参加しているのを見て、もっと人を楽しませたいと思いました。 ──②

祭りを通してふだんは接することのない世代の方たちと話ができたことで、自分の住んでいる地域社会に対して以前よりも愛着を持つようになりました。大学生になっても地域のために役立つ活動に参加したいと思っています。そして大学では経営学部でマーケティングを学び、経営に関する幅広い知識を身に付けて、イベントプランナーを目指したいです。将来は様々な年代の人たちが一緒に楽しめて、地域を活性化させられるようなイベントを企画する仕事をしてみたいです。 ──③

指導のポイント

　地域活動で期待されることは、高校生という若い力が地域の活性化を促進すること、多様な価値観に触れて若者が成長していくことなどが挙げられる。活動報告書においては、日ごろは接する機会のない人々、特に異なる世代の人々との交流を通して得られたことを書かせたい。また、そういった交流活動を通して自分自身にどのような変化があったのか、それが進路希望にどのようにつながっているのかを明確にさせたい。

①について

　活動内容とそのきっかけを最初に書かせた。初めはそれほど積極的でなかったが、活動をするうちに愛着や責任感が生まれて、しだいに主体的に取り組むようになっていったと生徒自身が述べていたので、その変化の過程を盛り込むよう指導した。

　その結果、どのような配慮や工夫が必要なのかに気づき、それをどのように実行していったのかを書き加えることができた。

②について

　具体的な活動内容とともに、成功したことや失敗したことなども書かせた。夏祭り運営に関する経験を振り返らせ、将来の展望につなげる伏線とさせた。また、大勢の仲間たちと協働することで仕事を円滑に進められたことなどの対人面で学んだことを書かせ、協調性を育んだことも強くアピールするよう指導した。地域活動は、地域の「大勢の人が笑顔」になっていくことも大きな目標でもある。そういった地域の活性化に貢献したことも触れさせた。

③について

　地域活動によって生徒自身がどのように成長したのかについて書かせた。また、この経験が「イベントプランナーになりたい」という将来の夢を抱く契機となり、大学でマーケティングを学びたいという進路希望につながったことをまとめさせた。

◆その他＞課題研究等の活動報告書◆

<活動期間 　○○年○月〜○○年○月>

　本校の２年次の「総合の時間」は、企業探究コースで連携している企業から提示された課題に、チームで取り組む活動を行っています。

　私たちの班は、○○会社からの「未来の自動販売機を提案する」というミッションを選び、班として「自動販売機の力で環境問題の改善に取り組む」というテーマを設定しました。その理由は、フィールドワークによって得た自動販売機の設置状況と、文献から学んだ日本の電力需要や発電の現状を前に、様々な疑問が生じたからです。街中の多くの自動販売機はどれほどの電力を消費しているのか、逆に発電に利用できないか、これからは環境にやさしい再生可能エネルギーを第一に考えるべきではないか、などの視点で繰り返し議論し、「自動販売機にソーラーパネルを取り付け、蓄電し、災害時などの電気需要に応える」という提案をまとめました。正解のない問題を前に途方に暮れたこともありましたが、調べた資料をもとに議論し、様々な意見をまとめて、新しい提案を生み出す協働作業は、新鮮な体験でした。 ──①

　プレゼンテーションでは、資料作成や発表練習など、準備がいかに重要かを実感しました。わかりやすい資料作成の追求や研究結果・考察・最終提案までを自分たちの言葉で説明できるよう、アドバイスし合って練習し本番に臨みました。全国大会には届きませんでしたが、クラスの２代表の一つに選ばれたことは自信になりました。 ──②

　日本の再生可能エネルギーの技術は、欧米と比較しても引けを取らないと思いますが、エネルギー政策には課題もあることがこの研究で理解できました。貴大学では、「総合の時間」のテーマを継続して、企業との連携も視野に入れながら、環境という視点から再生可能エネルギーの技術と政策の両面の研究をしたいと考えています。 ──③

指導のポイント

　近年は、探究学習に取り組むための教育プログラムを開発し、提供したり支援したりする企業や NPO が増えてきた。生徒の実態に合わせ、目的を共有して連携できれば生徒の活動は豊かになる。この高校では「総合の時間」のまとめの取り組みとして、企業からの「ミッション」を教材に、チームで情報収集をし、議論し、協働して提案を練り上げ、最終的にはその内容をプレゼンテーションするという活動を行っている。

　活動報告書の作成にあたっては、プロセスや結果だけに終始することなく、活動を通して実感した課題解決の難しさや新しい自分の発見、将来への展望を含めてまとめるように指導した。

①について

　提示された「ミッション」を進めるにあたっては、班のテーマを決めるところから難航していた。具体的な提案に至るまでのグループ活動の困難さを限られた紙面に収めるのに苦労していたので、活動の段階ごとにエピソードをピックアップさせ、簡潔に表現するためのキーワードを拾う等の方法を提案した。「正解のない問題」や「新しい提案を生み出す協働作業」で表現した内容は、実感がともなった文章となった。

②について

　魅力あるプレゼンテーションのために努力した点を具体的にまとめさせた。全国大会に出場できなかったことを悔やんだが、校内発表の本番に向けてブラッシュアップした結果がクラス代表に結びつき、自信につながったことを具体的に書かせた。紙面が許せば主催者や大会名等も記載させたい。

③について

　当該生徒は、この活動がきっかけで、エネルギー問題に関心をもち、次第に興味が深まって人一倍熱心に調査研究に取り組むようになった。環境問題にも視野が広がり、大学での学びや研究の目的意識も高まった。

　「総合の時間」の取り組みが、自身の進路選択につながった経緯も含め具体的に記載できたので、全体としてまとまった活動報告書になった。

活動報告書

◆その他＞課題研究等の活動報告書◆

<活動期間　○○年○月～○○年○月＞

私は１年次に「総合の時間」で、「幼児にとって魅力的な絵本」というテーマで研究を行いました。私は親戚の子たちによく読み聞かせをしていますが、絵本によって反応が大きく違うことに興味を抱いていました。将来は幼児教育に関わる仕事につきたいので、この研究によって幼児が魅力を感じる絵本の特徴をつかみたいと思いました。 ——①

まずは絵本のベストセラーを調査したり、同級生たちに愛読した絵本についてアンケートをとって意見交換会を開きました。次に公立図書館の横断検索システムを利用して、「幼児教育と絵本」に関連する資料を探して読み込んだり、国立国会図書館国際子ども図書館に出向いて、司書の方に研究の相談にのっていただいたりしました。 ——②

その結果、絵本ごとに対象年齢があり、読者が話の展開を追うことができるか、絵本の背景にあるテーマを理解できるか、幼児が好む色彩で描かれているか、といった視点から創作されていることがわかりました。私はこれらのことをレポートにまとめ、「幼児にとって魅力的な絵本とは、話の内容や色彩がその対象となる読者の発達段階に見合った絵本である」という結論を出しました。実際にこの基準で選んだ絵本で読み聞かせをしたところ、子どもたちからは好評でした。そして、この研究は学年での優秀研究に選ばれました。 ——③

私は将来幼稚園教諭か保育士になることを希望していますが、幼児教育の現場で絵本を活用する際に、この成果を作品選択の基準にし、適切な絵本によって豊かな感性を育みたいと思います。またこの研究を通して、幼児の発達段階について関心を抱いたので、大学では特に児童心理学を学びたいと考えています。そして幼児教育に関する深い専門性をもって、現場で活躍できるようになりたいと思います。 ——④

指導のポイント

近年「総合の時間」において、生徒が自分で設定したテーマに沿って調べる探究型の学習が増えてきている。「仮説・実験・結論」といった筋立てのある理系の研究と異なり、文系の研究は資料から推察することになるので、明確な結論が出にくく、まとめ方によってはただの感想で終わりかねない。そこで、どのような過程を経て成果を挙げたかをきちんと整理して書くよう指導することに力を入れた。

①について

最初に研究テーマを提示させ、続いてその研究を行ったきっかけと研究の目的を書かせた。また、仮説を立てられるテーマの場合は、この部分に③にあるような表現で提示させるのもよい。

②について

はじめはインターネットだけで資料を集めていたが、信頼できる出版物から参考文献を探すよう指導した。文献をリスト化して丁寧に読み込んだことによって、根拠のある結論を導き出すことにつながった。この探究型の学習は個別の研究であったが、生徒同士での意見交換会や、司書の協力を得たことなど、学び合いや対話的な学びの要素も書き入れるよう指導した。

③について

生徒自身が課題解決への意欲を持って、主体的に研究に取り組んだ姿勢を打ち出すよう指導した。どのような結論を導き出せたのかについてうまく書けていたので、そのまま評価した。

④について

「総合の時間」を活用して得た知識や体験を、今後どのように活かしたいのかを書かせた。また、この研究が自分の志望する学部や将来の職業とどのように結びつくのかを考えさせ、大学で深く学びたいことと関連づけてまとめさせた。

◆その他＞課題研究等の活動報告書◆

<活動期間　○○年○月～○○年○月>

私は「総合の時間」で「異文化交流で重視すること」をテーマに掲げて取り組みました。内容は、英語や地理の授業で取り上げた諸国の文化的特質をレポートして理解を深めたこと。そして、JICAの派遣事業に参加した方や諸外国からの留学生へのインタビューを行い、それらを資料にまとめて成果報告したことです。 ——①

この課題研究で得られた成果の1点目は、異文化交流で大切なことは、相互の国民が「違って当たり前の感覚」をもつことだということです。例えば、ある留学生が「会議の開始時間を守るという文化は私の国にはない」と話されました。時間厳守の感覚が強い日本ではなかなか受け入れ難く、衝突も起こるでしょう。ただ、ここで双方が「違って当たり前の感覚」で理解し合えれば、解決の糸口も交流の在り方も見いだせるはずです。これは、政府間の交流も同じかもしれません。

成果の2点目は、やはり交流する国に足を運び、現地の人と直接コミュニケーションをとることが重要だということです。日本と対立的な関係にある国に派遣されたJICAの方は、現地の対日観はメディア報道とはまったく違って、友好的で積極的な交流を望んでいる雰囲気にあふれており、「悪しきイメージを持っていた自分が恥ずかしくなった」と語っていました。人や文化の「ホンモノ」に直接触れてこそ交流が深まるのだと学んだことでした。 ——②

グローバルな世界で生きる私たちにとって、異文化交流は大きなテーマです。留学生との討論や海外留学を重視する貴大学では、自らが主体的に動き多くの人と対話しながら、自他の理解を進めることが求められるでしょう。やがては国際協力活動に関わりたい私にとって、ここで得た成果は必ず大学での学びにつながると考えています。 ——③

指導のポイント

　「課題研究等に関する活動」を活動報告書に記載する場合、論文で発表できるような成果が求められると考えてしまう。しかし、その活動を通じて自身のなかに小さな「気づき」や「自己変革」があったこと等を記せば、大学での学びにもつながることをアピールできるのではないだろうか。

①について

　この課題研究は「総合の時間」で行ったが、社会人講師や留学生への聞き取り調査が生徒のテーマに合致し成果につながったので、その点を最初に記述し、②につなげるような形にすることを助言した。また、「異文化交流」というテーマなので、教科横断的な取り組みをアピールできるよう、他の教科・科目との連携で深めることができたことにも触れさせた。

②について

　異文化交流に大切なことを考察するにあたって、何が契機となって「気づき」になったのかと問いかけてみた。すると、二人の外部講師の話に出会ったことがきっかけとなって、生徒自身のこれまでの考え方に変化があったり、さらに大きなテーマに取り組む意欲につながったりしたということだった。こうした、主体的で対話的な学びで得たことこそが「自己変革」という成長だととらえられたので、この話を自分の言葉で詳しく記載できるよう指導した。さらに踏み込んで、「次は、なぜ日本人は時間を守る社会なのかをテーマに研究していきたい」というような記述を加えていくことも考えられよう。

③について

　大学生活や将来への展望は簡潔な記述であるが、課題研究の活動報告という意味では、活動内容とそこで得た成果の記述に力点が置かれることにはなるだろう。活動報告書の記載欄に余裕があれば、志望大学の「海外留学を重視する」という教育方針の意味にもう少し触れさせて、自身の「大学での学び」の内容とどうつながるかを記載ができると自己アピール度はさらに高まる。

◆その他＞資格・検定等に関する活動報告書◆

資格・検定・試験等の名称	級・スコア等	取得等の年月
実用英語技能検定	2級	令和○年○月
基本情報技術者試験	合格	令和○年○月

　私が高校3年間の大きな目標の一つに掲げたのは、「基本情報技術者」の試験に合格することでした。それは中学校時代から興味があったプログラミングの力をしっかり付けて、将来確実に来るだろう高度なIT社会の担い手の一人になるという希望があるからです。英検に挑戦してきたのも、その願いを叶えるため、そして海外でも仕事ができる能力を身に付けていくためです。　①

　しかし、普通科高校に在学している私にとっては簡単ではありませんでした。ただ結果的には、情報科の先生に薦められた通信講座に取り組んだことで、合格率20～30%という国家試験にパスできたのだと考えます。その過程では、ITへの知識や技能を得ただけではなく、力不足だった数学の力や論理的な思考力も養われたという実感もあります。また、強い意志をもって継続的に努力することの大切さも理解できたと思っています。これらの力が大学入学後の早い時期に、より上位の「応用情報技術者試験」に臨む基盤となるし、社会に出てプログラマーやシステムエンジニアとして働く際の困難な課題を克服していく支えにもなると信じます。　②

　今後の目標を、新たな資格取得と貴大学の貴学部が掲げる「これまでの世にない新しい技術や仕組みを生み出すこと」に置いて、幸せな社会を創造できる「高度IT人材」になれるよう研究をしていきたいと考えています。　③

指導のポイント

　ここで記載する資格は、大学合格を目指してアピールするという目的から考えれば、その取得・合格の難易度があまりに「大学入学資格」からかけ離れたものは避けるべきだろう。多くの大学の要求水準等を見定めて、事前に校内での検討をしておきたい。

①について

　資格・検定の取得・合格という事実は大切だが、それを何のために取得し、それが今後の何につながるのかを述べなくては事実報告で終わってしまう。ここでは記入欄の関係で記載分量が少ないが、第３段落のような記述と合わせて、どの程度の記載ができるかを判断しながら指導した。

　また、面談で「英検２級」を取得していることがわかったので、将来のキャリ形成との関係を付記するよう助言した。

②について

　専門高校と異なり、普通科高校では資格・検定に取り組む授業は少ないだろう。そのなかで、「基本情報技術者試験」の合格を目指した創意工夫や主体的な努力の継続、獲得した力は大きなアピールポイントなので、「学力の３要素」の用語を提案した結果、このような表現になった。

　そして、更なる上位資格や試験に挑戦する意気込みがあること、および目標とする職業があることは、大学入学後の修学意欲のポイントとなる。そこで志望大学からの合格者が多い「応用情報技術者試験」を調べさせたところ、その資格が確実に活かせる仕事があったので強調することにした。

③について

　志望学部の学部長の言葉を本人が見つけてきたので、この一部を引用し他の部分を援用したら、どんな結びの表現になるかを問いかけた。①と同様に記入欄に余裕があるなら、志望学部での具体的な研究内容と資格との関係を結びつけた記述を加えられると説得力も増すだろう。

活動報告書

1.　大学入学希望理由書について

　『見直し予告の改正（通知）』では、実施要項に盛り込む内容を次のように示している。

- ・「大学入学希望理由書や学修計画書を活用する際には、各大学が、学部等の教育内容を踏まえ、大学入学希望者に対し、入学希望理由や入学後に学びたい内容・計画、大学卒業後を見据えた目標等を記載させる。」
- ・「活動報告書、大学入学希望理由書や学修計画書等、大学入学希望者本人が記載する資料の積極的な活用に努める。特に総合型選抜や学校推薦型選抜において、これらの資料に関するプレゼンテーションなどにより積極的に活用する。」

　つまり、大学入学希望理由書は「大学で何を学び、どんな活動がしたいのか、なぜその大学を選ぶのか」等、入学に対する志願者の志望理由を伝えるものである（19 ページの図参照）。同時に、上記の通り、学修計画書や推薦書、並びに調査書とも相互に関連または補完し合う書類であり、受験時に行われるプレゼンテーションや面接では、記載された内容をもとにしたパフォーマンスや応答が求められる。

　大学入学希望理由書の様式については、項目別に記載を求めるものと、自由作文形式とに分かれる。後者は 800 字から 1500 字程度の分量のものが多い。

　生徒が志望動機や志望理由を書くに当たっては、生徒なりの「発想力」と、それを表現するための「構成力」が必要となる。換言すれば、日常生活の出来事や過去のエピソードを顕在化させて意味づけをし、進学先や将来の職業を結びつける取り組みであるが、それはどの生徒にとっても容易ではないだろう。そこで、ポートフォリオや各種の「振り返り」を通して、現在の心境に至るまでの在り方や生き方を客観的にとらえ直す活動に時間を割きたい。

　その一例として、次の「2.　指導のポイントと留意点」で、「養護教諭になりたい」生徒の指導をもとに、完成するまでのプロセスを示す。

2. 指導のポイントと留意点

第1条　志望動機を5（4）W1Hでマッピングする

　行きたい学部やつきたい仕事の理由は生徒それぞれである。それらを文章化する前に、まずは生徒固有の理由をひもとくために、自己の体験を個別化（具体化）する作業を行わせる。付箋やマッピングなどで「5W1H」（ここでは「4W1H」）方式で箇条書きにする。

「養護教諭」になりたい！（抽象的表現）

これを個別に具体化していくと……

〈Why?〉
①自分の心の悩みに寄り添ってくれたから。
②保健室登校や保健委員を通じて、養護教諭の幅広い仕事を理解したから。
③妊娠中も仕事をしていた。ある日、お腹を触らせてもらい、命のすばらしさを感じ、それがきっかけで悩みが吹っ切れたから。

〈What?〉
学校でのケガの応急処置や保健相談を行う仕事。

〈Who?〉
中学校の養護の先生がモデル。

〈When?〉
中3で、不登校になったとき、養護教諭にお世話になった経験。

〈How?〉
①人間関係がこじれ教室に入れない私を笑顔で迎え入れてくれた。
②家庭のトラブルや進路の相談も親身なって一緒に考えてくれた。
③来室する他の生徒にも、てきぱきと明るく対応していた。
④保健便りの編集補助の仕事を通して、自信をつけさせてくれた。

大学入学希望理由書

第2条　個別の疑問点を書き出し、それを抽象語でまとめさせる

　次に、「養護教諭」のワードを中心に据えて、現在思いつく素朴な疑問をどんどん書いていく。

どこで、何を、どのように学べばいいのか？
〈学びに向かう力・人間性〉

養護教諭として
適しているのか？
〈資質や能力〉

（例）「養護教諭」
ってなに？

養護教諭の
仕事の内容は？
〈知識・技能〉

養護教諭が生徒の安全管理や様々な健康相談に対応するには？
〈思考力・表現力・判断力〉

これらの疑問の答えには、人に聞いてすぐに得られるものと、時間をかけて調査しなければわからないものとがある。後者のようにすぐには回答できない疑問の探究こそが、大学の研究であり、進学の意義がそこにあると生徒に認識させたい。

　一人での考察が難しい場合は、グループで「キャリアインタビュー」をさせてみてはどうだろう。考えが及ばなかった気づきだけでなく、他の進路先や職業の意義を理解し、広く社会との関わりにも目を向けさせることができる。

①　5人程度で、関心のある仕事や進みたい学部について表明する。

②　各自その進路先についての素朴な疑問（前述の「○○」ってなに？のような疑問等）を付箋に書き出す。

③　②の内容を一人ずつ携えて順番にインタビューし、答える。うまく回答できなかった質問は、皆で意見を出したり調べたりして、情報を共有する。

第3条　動機と疑問点を整理して文章化させる

　さて、ここまでの作業で生徒が挙げた「志望動機」と「疑問点」を概観して、まとめさせると、次のようになった。

①　家族や友人関係で悩んでいたときに、保健室で話を聞いてくれた養護教諭との出会いがあったこと。

②　お腹の大きくなった養護教諭の胎動に触れて感動し、それが契機となって自己肯定感の欠如を払拭できたこと。

③　養護教諭の仕事はケガや体調不良の生徒の応対で休みなく多忙なこと。

④　養護教諭は担任や保護者だけでなく、警察や児童相談所などとも連絡をとって、生徒の健康や安全に関わる仕事を遅くまでしていること。

　こうして見ると、①と②は生徒の養護教諭になりたい「きっかけ」として理由書に書けるだろう。③は大学で学ぶ専門知識につながり、④は養護教諭の仕事に求められる社会的背景と関連づけて、大学での研究テーマになりそうである。

第4条　大学案内や入試要項を熟読させる

　大学案内や入試要項は、大学の情報（歴史、学長メッセージ、学部の内容、求められる人物像、カリキュラム、進路先）などや、関係書類を書くにあたっての注意事項（願書提出日、試験日、発表後の学費納入について）の情報が満載で、正直なところ大人でも一読だけでは理解が難しい。

　そこで、案内や要項に書かれている上記の個所はコピーを取らせ、複数の大学を付き合わせ比較するように指導する。用語や意味内容が不明なところは、積極的に大学に問い合わせ、生徒と志望大学との距離を縮めることにつなげる。

第5条　オープンキャンパスの体験で良かった点を挙げる

　オープンキャンパスと一口に言っても、一般の大学では様々な企画が設定され、一般者や高校生へ門戸を開いている。例えば、学園祭を始め、学部説明会（留学や進路も含む）、模擬授業、研究室での公開研究発表、入試説明会、サークルの活動発表会等である。

　大学入学希望理由書には、オープンキャンパスで実際に見た印象を記す。学生の姿は将来の自分に置き換えられるし、模擬授業の感想は入学後のレポートや発表に類するものとみなせるからである。自分の研究したいテーマがあれば、そこで質問してみると、進学後の学修深化の見通しが立つだろう。

第6条　文末表現を考える

　文章は敬体文が望ましい。しかし、生徒の書いた文体がまとまりを感じにくいものであるならば、全文を常体文の「だ・である調」に変換して歯切れのよさを際立だせるのも一手である。

　このように上記の指導項目を踏まえて、生徒が推敲を重ね、書き上げた大学希望理由書が以下の文章である。

私には将来、養護教諭になる夢があります。そのきっかけは、中学2年のとき、家族間のトラブルと友人からの何気ない言葉に傷ついて、教室に入れず、保健室で勉強することがあったからです。

　そのときの養護の先生は悩みをしっかり受け止めて下さり、進学の相談にも乗ってくれました。

　ある日、先生が忙しい手を止めて、「赤ちゃんができたのよ」とおっしゃいました。お腹にそっと触れると、ぴくんと赤ちゃんの胎動を感じました。それは、命の尊さに私の身体が打たれたような瞬間で、私は思わず泣いてしまいました。

　その後、私は自分に自信が持てなかった悩みを克服し、中3からは保健委員として、健康診断の補助や具合の悪い人の付き添いなどをしてきました。この経験から、共感力と奉仕の精神が向上しました。

　貴大学のことはお世話になった養護の先生が紹介してくださいました。オープンキャンパスでは、学校実習と、病院での臨床実習が充実していることや、事例研究を通して思考力や判断力を培えることを伺いました。

　また、案内をしてくれた先輩から、子ども食堂でボランティアをしている話を聞き、私もぜひ同じ場所で、子どもたちと関わりたいと思いました。

　これからの AI が中心となる時代でも、人が成長していく過程では、悩みを抱え、体調の変化に戸惑う時期が必ずあります。特に思春期は自由にならない家族関係や人間関係などで行き詰まることがだれしもあるでしょう。

　養護教諭の仕事は、生徒の健康や安全を含めたヘルスプロモーションの立場から、警察や児童相談所などとも連携を取った幅広い療育に関わっています。そのためには今後、複数配置が必要となるかもしれません。

　私は貴大学での学びを踏まえて、教育の現場で生徒を支え、保護者からも職場の教員集団からも信頼される養護教諭として貢献したいと考えています。

大学入学希望理由書　記入のチェックポイント

□ **現在・過去・未来の大きな柱でエピソードをまとめているか**

＊進路につながる「過去の出来事」、高校時代の「体験」や自分の「強み」、「大学の志望理由」、「入学後の学び」を整理する。これらに生徒自身の端的なエピソードがあると、人となりが具体的に伝わりやすくなる。

□ **文章の構成を考えているか**

＊上記の項目を「将来の自分の姿」に向かうストーリーとして構成する。その流れを支えるために、効果的なつなぎ言葉を選んで用いる。
　・「そして」（順接）
　・「しかし」（逆接）
　・「ところで」（転換）
　・「また一方では」（比較）
　・「第一に」「第二には」（順番）
　　また、文のなかで主述の関係が明確になっているか、読点の位置が適切かを見直す。

□ **推敲の過程を保存しているか**

＊推敲の過程は、生徒にとっても大きな気づきと成長を促す活動記録である。手直しをするなかでやむなく削った箇所は、面接やプレゼンテーションでの補強エピソードになる場合がある。完成以前の原稿も保持しておきたい。

大学入学希望理由書

3. 指導例

法学系志望生徒の大学入学希望理由書

> 　私は将来、裁判官になることを目指しています。その理由は、中学校時代に裁判員制度の授業を受けたことにあります。その授業は、殺人未遂事件を題材にしたものでしたが、裁判員裁判について理解することができ、司法についての興味が高まりました。高校入学後も裁判官になる目標を持ち続け、「総合の時間」では裁判員制度についての調査を行い、成果を発表しました。その結果、学内の代表となり、全校生徒の前で発表することができました。また、目標を実現するため、全ての教科に全力で取り組み学力を高めました。　——①②
>
> 　貴校は、法曹界においての実践力を身に付ける教育プログラムと幅広い教養を身に付けるための授業が充実しています。裁判官という目標を達成するため、貴校への進学を強く希望します。　——③

指導のポイント

　高校時代に将来の目標に対して、どのような取り組みを行ったかがわかる内容にするよう指導した。「総合の時間」でどのようなことを学んだか、高校生活にどう活かされたかを明記するように助言した。

①について

　中学校時代の裁判員制度についての授業がきっかけで、裁判官になることを志したことがわかる。その志が高等学校での「総合の時間」のテーマ設定につながった点や、実際に裁判を見学したときの気づきを振り返らせた。さらに、「総合の時間」の取り組みからどんなことを学んだかを明記するよう指導した。

②について

　「総合の時間」の成果から、学業に一層励んだことを記入している。しかし、なぜ全ての教科に努力したのかが述べられていない。生徒は、法と人間のあり方が国の歴史や文化的背景とも関連することに興味をもった。また、身近

144

な社会問題に対する認識が、法整備の是非について考える契機になったことを意識したという。このことから全教科の学習に真剣に取り組んだ努力を詳しく書くよう促した。

③について

理由書の締めくくりでは、自分の将来像をもとに、なぜこの大学を志望しているのかを明確に記入する必要がある。法律的知識と豊かな市民感覚をもった裁判官になるための教育プログラムや授業が充実している大学であることを明記し、大学の特色と自分の将来像を結び付けた上で強く志望していることを表現させたい。

after

> 　私は、中学校で裁判員裁判の授業を受けたことがきっかけで、将来は裁判官になりたいと思うようになりました。高等学校の「総合の時間」では、裁判員制度の現状と課題について調査を行い、その過程で実際の裁判の様子も見学しました。その経験をふまえてまとめた成果は学内で評価され、代表として発表する機会を得ました。
>
> 　その調査や考察の過程で、裁判官になるためには、法律の知識だけでなく、多面的な知識と人々の気持ちを想像できる市民感覚が必要であると気づきました。そのため、全ての教科に全力で取り組む必要があると考え、理系・文系問わず勉学に励み、理解できない事柄は積極的に先生方に質問し、理解が深まるよう努力しました。
>
> 　貴大学は、法曹界においての実践力を身に付ける教育プログラムと幅広い教養を高める授業が充実しています。深い専門性とすぐれた人格をもった裁判官になるために、貴大学は最良の環境であると考えます。法治主義をしっかり理解するとともに、公正な判断力と豊かな人間性を身に付けるために主体的に学び、社会に貢献できる裁判官になるべく貴大学への進学を強く希望します。

大学入学希望理由書

　将来は、起業して会社を経営したいため、貴大学の経営学部に進学することを希望します。そのために、高校生活においては、幅広い知識が必要と考え、全ての教科の学習に努力しました。文章を読むことが好きで、国語は得意科目です。あとは、美術も得意で、学年選出の作品にも何回か選ばれました。全ての科目に強いのが自慢です。部活動では、アメリカンフットボールという激しいスポーツを小さな体でこなしてきました。負けず嫌いの性格が、人一倍の努力と闘志を沸き立たせたのだと思います。

　大学進学後は、商業英語や原書講読にも力を入れたいと考えています。貴大学で学んだことを実践に活かして、世界的視野をもつビジネスマンを目指したいです。それに、大学でもアメリカンフットボール部に所属して、全国大会に出場したいと思います。

① ② ③

指導のポイント

　将来の目標と大学で学びたい内容が一致しているため、大学の特色と結び付けて志望理由を表現できれば説得力のある文章になる。高校時代に学んだことを大学でどのように活かすのかも記述させるとよい。また、接続詞の使用法には注意を促したい。

①について

　将来の目標について述べてはいるが、「起業」したい理由に触れていない。大学での学びと将来目標が一致していることを強調するためにも、やはり「理由」を述べる文章は説得力のある分量と内容に仕上げておきたい。そこで、繰り返し「なぜ起業？」「なぜ経営したい？」の問いかけを行った。また、全教科への努力と「幅広い知識」を結びつけた記述は評価できる。

②について

　部活動においては、活動の内容、そこで得たこと等について具体例を挙げ

て書き表せるとよい。また、そのことが進学後のどのような点に活かせるのかを述べる。学業でも特別活動でも活躍できる資質の持ち主であることをアピールできるからである。

③について

進学したい大学の特色をどれだけ理解しているかが不明である。大学の特色と自分の将来像を結び付けて、具体的に記述する必要がある。語学力を身に付けるために、大学でどのような授業や活動に力を入れていくのかを述べ、将来に活かしていくのかを表現するよう助言した。

after

我が家にあった掃除機の「ルンバ」やロボット犬「aibo」に接してきたことから、AIとロボットを結んだら、どのような商品ができるかのアイデア提供ができる会社を起こしてみたいのです。そして、その製品を世界中に届け、人々の生活を豊かなものにできたらと考えています。そのためには、幅広い知識と創造力が必要だと思い、高校の全教科を主体的に学習してきました。

部活動では、アメリカンフットボール部に3年間所属し、作戦担当の役割を担い、数値を用いた分析力やチームメイトにわかりやすく説明するというコミュニケーション能力を高めることができました。このことは、大学での学習や研究活動にも活かせると考えています。

貴大学は、会社経営を担ってきた実務家教授も多く、起業の理論もその実践も学べることが私にとっては最大の魅力です。また、国際的な経営者を育成するためのビジネス英語や講義が大変充実しています。さらに、留学制度も整っており、在学中に語学と国際感覚を身に付けることもできます。

将来、グローバルな時代に自らのアイデアで勝負できる経営者として活躍するために、貴大学に進学することを強く希望します。

　私は貴大学の人文学部心理カウンセリング学科で学びたいです。そして将来は、スクールカウンセラーになりたいと考えています。それは、私が辛いときに、スクールカウンセラーの先生が親身になって相談に乗ってくれたおかげで、心が軽くなり、救われたような気持ちになったからです。だからこそ、私も将来は「他の人の役に立ちたい」と考え、志望するようになりました。 ── ①

　今も、よく友人の悩みの相談にのるようにしています。相手の目線に立って、どうすればより良い方向へ物事が進むのか一緒に考えるようにしています。 ── ②

　貴大学で心理の基礎を学び、実習や演習を通して、カウンセリングに必要な基礎技能や心理療法などしっかりと身に付けたいです。 ── ③

指導のポイント

　高校1年次に、友人との人間関係のトラブルから、学校へ行き渋りがあった生徒である。担任をはじめスクールカウンセラーの面談により、再び登校が可能になったことに大きく心を動かされ、志望するようになった。職業観や学校の様子についての記述を改善するような指導を行った。

①について

　「なぜ貴大学を志望するのか」「なぜその職業を希望するのか」といった、5W1Hの「Why?」にあたる部分である。ここがしっかり書けなければ、説得力のある希望理由書とはなり難い。その根拠となる、生徒の内面にある背景や経験を引き出し、文面に反映させるよう助言した。

②について

　生徒自身の具体的な体験を記すように指導した。記入する際は、「いつ、どんなときに（場面）」や「だれに対して（対象）」「どのように（方法）」という点に留意するように助言した。その上で、「どう変化したのか（結果）」ま

で書かせたい。

③について

この内容では、どの大学にも当てはまるものとなってしまっている。志望する大学の特色を理解し、個別具体的に書く必要がある。大学研究の内容を想起させ、志望大学独自の学びや、将来の目標との関連を記述するようにアドバイスした。

after

　私は将来スクールカウンセラーになりたいと考えています。いじめや不登校が問題視されている学校現場で、子どもたちの心のケアができる素晴らしい職業だと考えています。私は高校1年生のときに、クラスメイトとの些細な喧嘩から、学校に行きづらくなったことがありました。その際、何度も相談に乗ってもらったことで気持ちが軽くなり、再び教室に戻ることができました。私も将来は「他の人の役に立ちたい」と考え、志望するようになりました。

　マネージャーとして所属するバスケットボール部では、常に部員に目と心を配り、何かあれば話を聴くように心がけています。特に、レギュラーになれず、なかなか顔を出さなくなった部員と話を重ねることで、活動に復帰してくれたときは、私自身も救われたような気持ちになりました。このことが、カウンセリングについてもっと学びたいと感じるきっかけにもなり、関連の書籍を読み始めました。

　私は貴大学で人間の抱える問題に対し、心理学的、精神医学的な面から理解を深め、その援助方法を修得する「臨床心理学関連科目」、臨床の場で必要なカウンセリングスキルを身に付ける「カウンセリング関連科目」で、心理学の知識と対人スキルを修得したいです。その上で貴大学院「臨床心理学専攻」に進学し、スクールカウンセラーになりたいと考えているため、貴大学を強く志望します。

　私は将来、飼い主を笑顔にすることができる動物看護師になること ── ①
を目標としています。そのため、高校時代には、生物の学習に力を入
れました。特に予習を大切にして、授業で学ぶ内容を教科書や資料集 ── ②
を活用して頭に入れてから授業に臨みました。

　部活動は、家庭科部に３年間所属しました。２年生のときに全国高
校生料理コンクールに応募しアイデア賞を受賞しました。細かい手作
業と心をこめた努力は、動物看護師の仕事にも活かせると考えます。

　貴大学は、動物に関わるサークル活動も豊富で、地域の方々や獣医
師・看護師の方々と接する機会を数多くもつことができます。動物看 ── ③
護師として将来活躍するために貴学は最もよい環境と考え、貴学に進
学することを強く志望します。

指導のポイント

　動物看護師になりたいという目標がわかる志望理由書である。しかし、高
校時代になぜ生物の学習に力を入れて、進学後にどのように活かすことがで
きるのかを述べていない。また、進学したい大学の特色の理解が薄いように
読み取れるので、多面的に大学の特色を研究し、文章化することが必要であ
る。

①について

　動物看護師になりたいという将来像がわかる。ただし、「飼い主を笑顔にす
る」だけの動物看護師像では、大学への志望理由としては弱いだろう。「なぜ
動物の看護師なのか？」等、そのきっかけや経緯に対する「why」を何度か
問いかけて、そこで述べられたことを書き加えるよう助言した。

②について

　生物の学習に力を入れた理由と、どのように工夫して学習したのかを指導
した。そして、学習の成果をどのように大学での学びに活かすかについて触

れることにより、進学後も主体的に学習する力の持ち主である証としてアピールできるだろう。

　また料理作品が賞を獲得できたのは、動物看護師への適性を強調する記述ともなるはずである。しかし、記載欄の字数にもよるが、志望学部との関連性を考えて詳細を削除するなどの文章上の工夫も必要である。

③について

　進学希望理由が、動物に関わるサークル活動のみであることは、志望理由としては物足りない。動物看護師になりたいという将来の目標に対して、志望する大学の特色を結び付けて述べることが重要である。大学での学習内容や実習項目などに着目し、いかに将来の目標実現に向けて志望する大学に進むことが不可欠であるかを表現し、締めくくるよう助言した。

after

　私は将来、動物看護師になることを目標としています。幼いときから動物と触れ合い、心が癒される経験をしてきました。同時にその動物たちの死にも直面してきました。そこで出会ったのが、本当に動物を愛し、その飼い主の気持ちを察し、心のこもった的確なアドバイスをしてくれる動物看護師でした。今度は私が動物と飼い主のために働きたいと思うようになったのです。

　高校時代は、将来の目標を見据えて生物の学習に力を入れました。予習を大切にし、積極的に生物の先生に質問をしたことで理解が深まり、生物学の一端をのぞくことができ、大学進学後の学習の基礎を築くことができました。

　貴大学は、1年次から動物臨床看護学実習など多くの実習があり、4年間を通じて基礎的な内容から高度動物医療に対応できる幅広い知識と技術を身に付けることができます。動物看護師として将来活躍するために、貴大学は最もよい環境と考え進学することを強く志望します。

私は薬剤師を目指して、貴大学への入学を希望します。

小さいときから漢方薬が苦手で飲みたくないというときもありましたが、優しい薬剤師さんに「頑張って」と励まされて、なんとか飲み続けることができたからです。

ドラッグストアでは漢方薬やサプリメントも販売しています。でも買いにきたお客さんはその違いがわかってるのかな、と心配になることがあります。 ── ①

また調剤薬局では、番号札で呼ばれたのに、診断名や病状の確認が周りに筒抜けで、とても恥ずかしい思いをしました。 ── ②

貴学には薬草を栽培する施設があります。そこでかつて飲んだ薬の原料を育て、成分を学びながら一人前の薬剤師になりたいです。 ── ③

指導のポイント

この生徒は難治性のアトピーに悩まされ、当時の薬剤師の支援があって漢方薬を服用することができた。感謝の気持ちが将来を決定し、その分野の研究に秀でた大学を選んだ。

過去の苦しみを記述することに抵抗を覚える生徒もいるかもしれないが、病気に悩む人への共感が育まれたという意味は大きい。また書くことによって志望理由を自身の進学の軸に据えることができる。指導者はプラスのとらえ方ができるように背中を押してあげたい。

なお本人の幼さが残る文章なので、推敲に時間をかけた。

①について

いわゆるドラッグストアは、医薬品だけでなく、化粧品や日用品も販売している。近年では、そこでサプリメントや漢方薬も購入できるようになった。生徒が日頃利用する店舗では海外からの旅行者や高齢者も立ち寄る。症状に合わせた薬の選択や服用の説明が必要になってくることを考えさせた。

②について

　これも生徒の体験から出てきた文章である。調剤薬局では、保険証の提示を求めるだけでなく、個別に病状や経過を確認するが、その際にプライバシーが守られているだろうか。配慮がある環境ならば患者は安心して薬を受け取り、不明な点があれば勇気を出して質問できるはずである。

　つまり①と②から、薬剤師には専門的知識と、それを説明するための場に応じたコミュニケーション能力が必要ということになる。

③について

　幾多の大学から、第一志望を選ぶ理由は人それぞれだが、それまでの人生を振り返ってみると、必ず「ここでなければならない」理由に行きつくものだろう。志望先の大学には漢方薬の原料になる薬草が栽培されている。これもこの生徒の過去のエピソードとつながる施設環境なので明記させた。

after

　私は薬剤師を目指しています。小さいときにアトピーに苦しんだ私は、苦い漢方薬を拒むこともありました。しかし、薬剤師の方に励まされて治療に取り組むことができたのを、今ではとても感謝しています。

　私は薬剤師に必要なのは薬に対する専門性とコミュニケーション能力だと思います。最近は「セルフメディケーション」を推進する流れがあり、ドラッグストアでは医薬品や漢方薬、それにサプリメントも販売されています。取り扱う医薬品や商品に関して、正しく説明する義務があります。

　また調剤を渡す際には、相手を気遣う声量やプライバシーに配慮した対応が必要で、そのような資質も高めていきたいです。

　貴大学は自然環境に恵まれた薬草を栽培する施設があります。そこでかつて飲んだ薬の原料を大切に育て、諸成分を学びながら専門性を高めていき、仕事を通して患者さんを支えていきたいと考えています。

　私が医学部に進学を希望するようになった直接のきっかけは、父が癌を患ったことでした。治療で苦しむ父に対して、まだ高校生である私ができることは何もありませんでした。幸い父は復帰できましたが、この経験によって私は医療の重要性を改めて認識しました。そこで私は、父と同じような病気を抱えている人の不安を取り除き、希望を与えられるような医師になろうと決心しました。 — ①

　なかでも貴校を第一志望としたのは、附属病院の規模と患者数の多さです。患者数が多ければそれだけ活躍できる場が増えると思います。2番目の理由は、自宅からの近さです。近いことで急な出勤にも応えられると思います。もし貴校への入学ができましたら、何よりも患者を第一に考えて、回復の一助となる仕事ができればと考えています。 — ② ③

指導のポイント

　「医学を志すきっかけ」「大学の特徴」「その大学で学びたい理由」「理想とする医師像」が主な柱である。その上で他の大学にはない特徴を拾い出し、自身の将来像と結びつけて志望理由を考えさせた。

①について

　志望理由において、医学に興味をもったきっかけを記述することは、読み手が知りたい事柄である。自分自身や周りの人間の病気の経験やそれにまつわるエピソードを記述する例は多いが、単なる体験談にならないように注意したい。面接時に「新型ウイルス」について話題にしたので、その際に感動したという医療スタッフの活躍にも触れてみるよう提案した。

②について

　志望理由で「思います」という表現を多用すると、読み手から「想像で書いている文章だ」と思われる可能性がある。そして、「その思いと違う」ことがあった場合にはやめてしまうのではないか、という印象をもたれかねない。

医学を目指す者として、単なる思いつきを述べるのではなく、人の命を預かる覚悟や使命感を感じさせる記述を心がけるよう強調した。

③について

ここでは附属病院の規模、自宅からの近さを理由としてあげているが、好印象は与えられないどころか、自分の都合ばかり考えている身勝手な者だと思われかねない。志望理由を伝えるときは、自分が医療の将来に対して「何ができるか」「どう貢献できるか」を盛り込むことが大切である。

特に、医学は日進月歩であり、近年の医学の進歩・発展には目覚ましいものがある。医師を目指す者として、常に研究に励み、生涯にわたり自己研鑽に努め、医療の進歩に遅れをとらない姿勢を示すことも不可欠である。

after

私が医学部に進学を希望するようになったのは、父が癌を患ったことでした。肉体的、精神的に苦しむ父に対して、担当医師による丁寧な診察、検査のおかげで、回復に至ることができました。父が重病に直面することで、命の大切さや心身ともに健康であることの難しさについて考えさせられ、その命を直接医療の力で守る医師になりたいと強く思いました。また、新型ウイルスに対応する医療従事者の献身的な姿も医療の道を志す後押しになりました。

貴大学を第一志望としたのは、○○病院との提携による、1年次からの病院体験当直や5・6年次の徹底したベッドサイドケアなど、患者との関わりを重視した教育方針に感銘を受けたからです。貴大学に入学後は、医療技術の習得はもちろんのこと、何よりも患者の方を第一に考えることで、病気で苦しんでいる方の不安を取り除き、希望を与えられるような医師になるよう日々努力する決意です。

　私は貴大学の体育学部体育学科を志望します。これまでずっと野球を続けてきました。貴大学入学後も、野球部に所属し、活動したいと考えています。——①

　将来は、スポーツトレーナーとして働きたいです。それは、自分が練習中に誤ったトレーニングをしてしまい、けがをし、試合にも出れず、苦い思いをした経験があるためです。このような思いをする人が少なくなればと考えスポーツトレーナーを目指すようになりました。——②

　フリーウエイトの筋力トレーニング器具や多数の有酸素運動のマシンを有するトレーニングセンターをはじめ、体育館やプール、グラウンドといった日本トップクラスの充実した施設や設備も魅力です。大学4年間で学力と体力を向上させ、自分の夢を現実のものにしたいと思い、貴大学を志望しました。——③

指導のポイント

　小学1年よりリトルリーグで硬式野球を始め、高等学校の部活動中のけがをきっかけに、スポーツトレーナーを目指すようになった。しかしながら、スポーツトレーナーや志望大学の特徴の記述が不十分である。志望大学と関連付けて自身のこれまでの経験を整理させる指導をした。

①について

　これだけでは、なぜ「体育学部体育学科」を志望するのかが全く伝わらない。志望学部の特色を反映し、そこでどんなことを学び、希望する将来にどうつながっていくのかを記述するように助言した。

②について

　生徒の経験からスポーツトレーナーを志した経緯を読み取ることができる。しかし、その職業の具体的な内容や意義にまで触れることができていない。改めてその職業の研究を行わせ、自分の将来について再考させる契機としつ

つ、経験と展望を整理して書くように促した。

③について

　オープンキャンパス等で知り得た、充実した設備について触れることはできているが、肝心のカリキュラムや授業の内容までは述べられていない。大学での学びのビジョンをより鮮明にイメージできるよう、大学研究を再度行わせ、書き改めさせた。

after

　将来、スポーツトレーナーとしてプロ野球選手たちのサポートをしたいと考えています。

　私は小学1年の頃より硬式野球を続けています。しかし、特にトレーニングの知識をもっていなかったために、誤ったトレーニング法やオーバーワークが重なり、県大会予選前に疲労骨折をしてしまいました。悔しさとチームのメンバーへの申し訳なさでいっぱいでしたが、この経験からスポーツにおいても正しい知識の重要性を痛感しました。

　スポーツトレーナーという職業は、けがの予防や応急処置、疲労回復、成長のサポートなど選手を第一に考え、選手と二人三脚で歩んでいきながら、最高のパフォーマンスへと導く存在だと考えています。私自身がこれまで選手として成功も挫折も味わったからこそ、選手目線のサポートができると思います。

　この夢を実現するためにも、貴大学で学びたいという意思があります。それは、貴大学の体育学部体育学科には、日本トップクラスの充実した施設や設備もさることながら、「競技者」「指導者」のどちらでも活かせる最先端の運動理論を実践で学習するカリキュラムがあるからです。また、貴大学独自の「野外実習」も魅力です。自然を知り、自分を知ることを通して、自分に責任をもち、他人を思いやる心を育てたいと考えています。以上のことから、貴大学への進学を強く志望します。

　私は小学生のとき、地元の教会の合唱団に所属して、様々な歌を覚えてきました。　──①

　中学生の合唱祭の指揮者に立候補して、クラスをまとめるのに苦労しましたが、良い経験だったと思います。　──②

　家族でミュージカルをよく観に行く機会がありましたが、本物のオペラを鑑賞して、天井に突き抜けるほどの声量と大がかりな舞台装置に感動し、私も本格的に声楽を学びたくなりました。　──③

　家族も応援してくれて、週に一回、レッスンを受けています。体調や気持ちの状態で変化する声は、身体の「楽器」であることを実感しています。

　入学後は、ベルカント唱法をマスターし、卒業後は舞台関連の仕事につきたいと思っています。

指導のポイント

　この生徒は高校入学時に国立理系の進学を希望していたが、次年度の科目選択に向けての面談で、「実は音楽家を志したい」と話してきた。小中学生時代の音楽に関わる経歴もそこで初めて知った。音楽の教員と相談の上、師事すべき先生を求めて、保護者と共に様々な説明会や講習会等に参加した。

　受験までには専攻実技が優先されることは自明であるが、教科の勉強はもちろん、「楽典」の勉強は隙間時間を使ってでも完成させておかなければならない。

①について

　音楽を進路に選ぶ際には、幼少期からピアノや弦楽器になじんでいるのが望ましいとされる。声楽は変声期を経るので高校生からでも遅くはないようだが、聴音の訓練は必須であろう。

　本人が小学校時代から合唱団に所属していたときに、「耳」の良さを褒めら

れたというエピソードを、面談時に引き出せたので、ぜひとも加筆するように勧めた。

②**について**

　合唱祭の指揮者に立候補し、曲のイメージを作り、それをパートごとに理解させるために努力したことで、説明能力が鍛えられただろう。また、限られた時間内で、一定のレベルまでにクラスをまとめることは容易なことではない。入賞できなくても、そこから学んだことを記させた。

③**について**

　声楽を目指す契機となった歌劇について、より具体的な説明を求めた。歴史的背景や舞台構成、楽曲について、入学試験の面接で答えられるように別紙にまとめさせた上で、この箇所で記す内容を絞り込んだ。

after

大学入学希望理由書

　私の夢は、声楽家としてミラノ座の舞台に立つことです。そのために貴大学の入学を強く志望しています。

　小学校のときに地元の教会の合唱団に所属していましたが、その際、指導の先生から聴力の良さを褒めていただいたのが励みになっていました。

　中学校の合唱祭ではクラスの指揮者になりました。当日はいつもと異なる雰囲気で声質が変わって入賞を逃したものの、説明の工夫を重ねて、全員がまとまった楽曲の世界を表現できたのは尊い経験でした。

　高校1年生のときに、約4時間に及ぶイタリア語の「アイーダ」を鑑賞し、壮大な文化の融合であるオペラの世界と、出演者の圧倒的な歌唱力にぐいと心を揺さぶられました。以来、楽典の勉強やピアノのレッスンをする傍ら、貴大学の先生が主催する学習会に積極的に参加しています。発語法や発声法を学んで、声は身体の「楽器」だと実感するようになりました。

　入学後は、西洋音楽の歴史やヨーロッパの言語についてもいっそうの研鑽を積み、豊かな表現力を備えた声楽家を目指します。

◆国際系志望生徒の大学入学希望理由書（全文）◆

　私が貴大学国際コミュニケーション学科を志望する一番の動機は、将来日本語教師を目指す私にとって最適な場所だと確信したからです。

　最近、地域に外国の人たちが次々と移住しており、見ず知らずの私にも、フレンドリーな笑顔を向けてくれる人が多く、親しみを感じました。と同時に、祖国から遠く離れた知らない土地にやってきて、言葉や文化の違いによる苦労も多いだろうと想像しました。

　私は「総合の時間」の発表で、「在日外国人の暮らし」を題材にしました。顔見知りの外国人に聞き取りをしたところ、言葉の壁を感じており、住居探しから買い物まで苦労をしていることがわかりました。　──①

　そこで日本で生活する彼らのために、私が日本語を教えることで、少しでも快適に暮らしてほしい、という思いが湧き起こってきたのです。

　外国人に興味をもつと、その国の地理や歴史、文化などにも興味をもち始めました。日本では当たり前の出来事が、外国ではとても不思議に思われたり、その逆もあり、このような違いも興味ある研究分野です。　──②

　貴大学のカリキュラムでは、会話における言葉の使い方や声の抑揚などを細かく分析する「コミュニケーション解析」というゼミに興味があります。さらに、英字新聞を読んで、その内容をもとにグループで討論をすることが、語学力向上だけでなく、日本に対する世界の目や、情勢を知ることにもつながると考えています。

　同時に、副専攻で他学科の授業を選択することで、各国の言葉を同時に学べるところや、留学生たちと彼らの言語で会話する学内留学というものに大変魅力を感じます。　──③

　創造的な研究がある貴大学で、国の垣根を越えて、人の役に立つことができる人間になるために、努力したいと思います。

指導のポイント

　これまでは断片的な知識しかもっていなかった生徒が、増加する日本への移住外国人との交流を通して、諸外国に関心をもつようになってきたことを記した希望理由書である。グローバル社会における日本の在り方を考察し、日本語教師を目指す者としての高い志を表明するように指導した。

①について

　着実に増え続ける日本在住の外国人だが、その生活は母国にいた時よりも苦労することが多く、思うようにいかなくてストレスをためてしまう人も少なくない。かねて抱いていた考えが、数人の外国人への聞き取り調査によって、それが現実であることを理解した。このように資料だけでなく、直接外国人に接して聴取したことを記載することで、志望理由にリアリティをもたせられた。

②について

　言語のみならず、地理、歴史、文化の違いにも関心を広げていることを表現している。日本語教師の役割としては、日本語を教えるだけでなく、日本の文化や習慣、食文化からサブカルチャーに至るまでを紹介することもある。また、他国の文化にも精通し、幅広く受け入れる懐の深さが求められる。こうした幅広い知識と、それを伝えていけるスキルの必要性も理解させ、書き直すよう助言した。

③について

　志望理由には、他の大学にはないその大学独自の取り組みを盛り込むことが大切である。そこで、大学案内などを熟読して、「自分の夢を叶える近道がこの大学である」と説得力をもって結論付けるよう指導した。この希望理由書では、具体的なゼミとその研究内容、講義の内容、外国人と交流できる制度などあらゆる角度から志望大学の分析が行われている。言語のみならず、各国の文化や世界情勢についても十分な知識をもち理解しようとする意欲があふれている。全体的に、主体性をもって多様な人々と協働して学ぶ態度がにじみ出ており、読む側が好感のもてる内容に仕上がった。

大学入学希望理由書

◆理工系志望生徒の大学入学希望理由書（全文）◆

　私は小さい頃から建築家に憧れていました。それは、建築家の叔父が現在住んでいる家を自分で設計したことに大変感銘を受けたことが一つです。3階建ての家に招待され、見えない部分にも環境に配慮した素材を使い、太陽光発電のパネルを設置したと知り、自分も絶対に建築家になりたいと思いました。もう一つは高校生で行った沖縄修学旅行で、琉球の民家について調べたときのことです。沖縄独特の土で作った琉球瓦は、あたかも呼吸をするかのようにスコールの雨を適度に吸い、雨が止めばその水分を蒸発させて家屋の熱を下げているのです。重い瓦は最近では地震に向かないともいわれますが、猛烈な台風から家を守るためには、琉球瓦はどうしても重さが必要なのです。家は単なる建築物ではなく、人間がその環境に調和しながら、安心や快適さという幸せを生み出していくものだと教えられ感動しました。　——①

　高校では、建築学に特に必要な物理と数学は、疑問点を自分で調べたり先生方に質問をして納得いくまで学習しました。大学入学後も主体的に学習や研究をしていきたいです。また、文化祭においては、学校全体の装飾係の責任者として歓迎門を作成しました。叔父に相談しながら、安全性、耐震性のための強度計算をして、何度も設計図を書き直しました。建築家になるために今後も、チームで協働して活動することを大切にしていきたいと思います。　——②

　貴大学のコース選択制は、自分の求める知識や技術を専門的に学べる最良なカリキュラムだと思います。もし、貴大学に入学できたなら、2年次で「建築デザインコース」を選択します。「創る」ことを主眼とした建築学のベースとなる知識を広く吸収し、その上で最先端の技術を習得し、豊かな造形力を養います。以上のことから、貴大学に進学することを強く志望します。　——③

162

指導のポイント

　将来の目標に向けて高校時代から教科学習や行事に努力を惜しまなかった生徒である。建築家を目指した理由や高校時代に力を入れたことを整理し、一貫性をもって記述するように指導した。

①について

　建築家を目指した理由について、幼い頃の叔父からの影響と、沖縄の民家を調べて感動した話の２つを明記している。自らの経験から将来の目標を定めたことは、読み手にも伝わりやすいので具体的なエピソードとともに表現するように指導した。建築家という仕事が単に建物や道路をつくるだけの仕事ではなく、そこに暮らす人たちの安心や安全をつくり出すものであるという認識をもつようになり、目指していく建築家の在り方を熱意を込めて表現することができた。また、字数が許せば、その後見たり調べたりした建築物についても説明できるとさらに深みが増す。

②について

　大学で建築を学ぶために、力学や三角関数等、物理や数学は必須である。高校時代、主体的に学習してきた姿勢は、大学でも真剣に学習する人物だという根拠になる。また文化祭では多くの来場者が歓迎門を通る。装飾性も大切だが、安全性を考えたモニュメントの設計は建築家の義務であろう。このように教科学習以外で学んだことや身に付けた力を説明し、自分の成果をアピールするとよい。

③について

　大学を志望した理由について、具体的に自分の言葉で述べることができている。２年次からのコース制について現実的に想定している点も、この大学に入学したいという真剣味をあらわしている。

　建築家には、設計の技術のみならず、歴史や風土、法律の知識、気候や地質その他様々な住環境に関わりながら、そこで暮らす人々に対しての深い理解と洞察力も必要となる。幅広い教養と豊かな人間性も備えた建築家を目指しているという気持ちを表してまとめられた。

大学入学希望理由書

◆看護系志望生徒の大学入学希望理由書（全文）◆

私はサッカー部のマネージャーをしていて、活動場所や練習メニューの調整だけでなく、ケガの応急処置や栄養補給の用意をしてきました。また、どの選手に対しても励ますことを心がけていました。引退試合では皆がひとつになり、よい結果が出せて嬉しく思います。

高校生対象の看護体験に参加し、患者に言葉かけをしている看護師を見て、選手を励ましていた当時のことが強く思い出されました。また新生児室で、小さな赤ちゃんたちやお母さんに優しく声かけをして看護する姿を見て、命を守るこの仕事に従事しようと決意しました。

—①

オープンキャンパスに参加した際に、最新の設備に圧倒されましたが、私が貴大学を志望する一番の理由は、アドミッション・ポリシーに掲げられた「チーム医療」の教育方針に共感したからです。

確かに病院には、ドクターや看護師以外に、臨床検査技師、栄養士、薬剤師、またはカウンセラーやボランティアの方がいました。患者にとってよりよい医療のために、カンファレンスをはじめ、それぞれの専門的知識を踏まえたコミュニケーションが必要になるでしょう。そこにはマネージャーの経験が活かせると思います。

—②

第二の理由は、語学に力を入れている貴大学のカリキュラムに関心を持ったからです。「総合の時間」で、日本語が不自由な外国人の方は出産間近でも受診ができずに困っている、という新聞記事を読みました。これからの時代は、外国人の患者ともコミュニケーションがとれる看護師が求められると考えます。

—③

私が貴大学に入学後は、日々向上する看護医療の知識を身に付け、語学力を高め、付属大学病院での看護実習に参加したいです。そして、一人ひとりの患者に対して細やかな看護ができるように、精一杯努力するつもりで志望しました。

指導のポイント

　看護系の受験の場合、個人的な体験が志望動機として重要である。自分や近しい者のケガや病気に対する振り返りを通して、看護師としての資質や適性が窺えるエピソードに仕上げていく。またカルテに看護記録を記入するので、常日頃から漢字の練習とメモを取る習慣をつけさせたい。

①について

　部活動のマネージャーは、選手のパフォーマンスを高めるために、様々なコンディションづくりをしていく地道な活動である。高校生活で勉強以外にも人を支える仕事をしてきたという内容は、他の志願者とは一線を画す記述である。

　また、看護師は人の命を預かる仕事なので、絶対に間違いが許されない上に大きな責任もともなう。その覚悟は入学前に確立していなくてはならない。医療漫画やテレビドラマの影響というのではなく、リアルな現場を知っているかどうかは大きなポイントである。病院で実施される看護体験の様子や感じたことを書くのがよい。

②について

　カンファレンスとは、医療関係者がチームとして治療方針を決める会議をいう。看護師は、最新の研究と専門分野の知識に基づいて、患者に一番近い立場から発言することになる。どのような研究ができる大学なのか、教育方針やアドミッション・ポリシー、シラバス等を大学案内で調べ、さらにオープンキャンパスで質問してきたことをまとめさせた。

③について

　①②では自分の体験がもとになっていたが、③では、これからの医療現場における喫緊の課題を述べている。患者は老若男女や国籍を問わない。したがって、看護師は病院内の勤務だけではなく、常に社会的な視点を忘れてはならない。

　全体として、マネージャーとして身に付けたコミュニケーション能力が、将来の看護師に活かされることが明確に伝わる文章になっている。

◆教育系志望生徒の大学入学希望理由書（全文）◆

　私が幼いときにガンで亡くなった父の存在もあり、医師に憧れていました。しかし、血液検査で採取される血の色やドラマに登場する手術シーンが、父の存在をフラッシュバックさせ、死の連想をともなうことから、自分の適性を見極めて断念しました。その後出会った『命の授業』という本の著者の講演会での「医師は人間の生物的生命を、教師は人の精神的生命を扱う専門的職業である」という一言に感銘を受けたのを契機に、教師を意識するようになりました。 ——①

　高校入学後は、ボランティア部に所属しました。交通事故で親を亡くした交通遺児のための募金活動も街頭で行いました。足早に道行く人に対して、目的を説明することや、寄付を募ることの難しさを痛感しました。それでも、趣旨を理解していただき、協力してくださる方がいたときには、心温まるものがありました。また、「青少年赤十字」の活動にも参加し、他校の生徒とも交流する機会が増え、協力しながらボランティアのあるべき姿について協議することで、コミュニケーション能力や論理的思考力、ホスピタリティ精神を養うことができました。地域の方とも連携しながら、地域イベント後のクリーンアップ活動も定期的に行うことができたのは大きな自信になりました。 ——②

　貴大学のオープンキャンパスでは、単科大学でありながら総合大学にも匹敵する、総合教育科学、人文社会科学、自然科学、芸術・スポーツ科学など、多彩な分野を学ぶことができることがわかりました。なかでも、「担任学」の授業が魅力的でした。私自身の経験も重ねながら、専門的知識を学び、多様な家庭環境の生徒を支えられる教員になりたいと志を新たにしています。

　さらに、グローバルな視点こそ教育に活かされると考えているため、世界各国の大学と交流協定を結び、相互に交換留学生が行き来している貴大学に進学することを強く希望します。 ——③

指導のポイント

　幼い頃の自身の辛い経験を乗り越え、他の人のために行動できる生徒へ成長を見せている。そこを強調して他の志願者と一線を画するべく、ボランティア活動を通して得たホスピタリティ精神などを中心に、あえて個人の経験を多分に盛り込むように指導した。

①について

　教師という将来の目標を持つまでのプロセスを整理しながら、生徒本人の許す限り、ありのままを表現するように助言した。挫折や影響を与えた言葉を記すことで、よりリアリティをもってその経緯を読み取ることができるようになった。ただ、このような場合、個人情報や生徒の生い立ちといったデリケートな問題を孕んでいるので注意が必要である。

②について

　教師になるという将来の目標と、高校生活での取り組みがどのように関連しているのかを書くように意識させた。ボランティア活動を通して何を感じたのかといった学びや、青少年赤十字として他校の生徒と協働したことがそれにあたる。その結果として、教師に必要な資質・能力である「コミュニケーション能力や論理的思考力、ホスピタリティ精神」の獲得が達成できたという形になっている。これまでの活動を振り返り、自分の夢との関わりを考えていったことが上手に文章化できた。

③について

　大学の教育内容を記す際は、他大学との差異について留意する必要がある。また、それがパンフレットやホームページを通した間接的な情報よりも、生徒が自ら足を運んで、教授や先輩の生の声を直接的に見聞きしたものであれば、より説得力が増すであろう。さらに、それが入学後の姿にどう影響していくのかを考えさせ、記述させた。ここでは、大学での学びと自分が理想とする「なりたい教師像」とのつながりがもっと明確にできたらよかった。そのためには、大学研究や大学訪問が必須となる。生徒への事前指導に深みをもたせたい。

◆家政系志望生徒の大学入学希望理由書（全文）◆

　私はゼロ歳から保育園で生活しました。朝、調理室の前を通ると、いつもいいにおいがしていました。汗をかいて遊んだあとの給食は季節を感じさせるメニューでしたし、お昼寝のあとのおやつで園児の誕生日ケーキが出ると、皆で祝いながら味わうことができました。

　そのおかげで、私は好き嫌いがなく育ち、高校では家庭科部に所属しています。将来は、味覚が決定するといわれる幼児期を過ごす保育園の栄養士になって、園児が喜んでくれる献立を考案したいです。

　私は家庭科の授業発表で、食事が満足に与えられない家庭環境にある子どもの問題や、宗教上の理由やアレルギーのために食事の制限がある子どもの新聞記事を紹介しました。　──①

　私の小学校や中学校時代では、外国から来た友だちが食事の文化の違いを理解できないままで、「いただきます」の合図が待てずに食べ始めたり、食材にアレルギーがあってお弁当を持参する友だちがいたりしました。私は多様な子どもたちが一緒になって「食べることが楽しい」と思える食事時間をつくりたいのです。

　保育園では保育士の方々と連携してペープサートや紙芝居などを使って、命の源になる食物がどのように体を作っていくかを子どもたちに考えてもらい、生涯にわたる食への意識を高めたいです。　──②

　貴大学のオープンキャンパスに伺った際に、先輩方が学生生活で不安なことに対して相談に乗ってくださったので、進学に対して前向きになれました。貴大学は調理施設が充実しており、未来の子どもたちの「食育」に必要な実践的な専門知識を研究できるのも魅力です。

　貴大学に入学後は人間の生涯発達に関する講義を受けて、保護者や祖父母世代の考え方を理解することや、海外の食文化などを幅広く学び、現場での対応に役立てたいです。　──③

指導のポイント

　豊かな保育園生活の体験を通して、好き嫌いがなく、食に関心を持つことができた生徒だが、その一方で現代における食生活の問題点を振り返り、今後、栄養士として力を入れるべきことは何かを考察させた。

①について

　保育園では、0歳から5歳児までの乳幼児を預かる。生徒の中学校までの給食体験を振り返ってみると、そこから様々な食生活の課題が見えてきた。さらに授業の発表でまとめた新聞の家庭面、福祉面、教育面などの記事からも、現代社会の課題を発見した。その解決には、環境問題やグローバル社会の多様性について広い視点での知識が必要になるだろう。またSDGsの目標などを挙げて、その対策を栄養士の立場から述べてもよいだろう。

②について

　保育園における栄養士の仕事は多岐にわたる。予算に合わせて、季節の食材の発注、個別食の管理も含めた調理だけでなく、「食育」の時間の指導を通して直に子どもたちに話をする機会もあるだろう。そこで志望理由のなかに、栄養士としてやってみたいことを具体的に書いておくことにした。

　他にも保護者向けに献立プリントを作成する際に、食に関する啓蒙的コラムを加えたり、親子で楽しめるマンガ仕立ての話を描いたりすることも考えられる。

③について

　幼稚園や保育園の仕事では、保護者や祖父母、または小学校や福祉施設などがある地域の方々と、日常的に関わりを持つものである。時には園児の体調管理について、自分の人生で知ることがなかった世界の保護者と膝を交えて話す場面に遭遇するかもしれない。子どもたちが置かれている環境を幅広く理解し対応することが、現場では常に求められている。

　そのような観点で考えると、人間の発達の研究領域や、グローバルなテーマの研究は、経験を補うためにも身に付けておきたい学びである。

　全体として子どもに対して愛情と意欲があふれる文章になっている。

大学入学希望理由書

◆情報系志望生徒の大学入学希望理由書（全文）◆

　貴大学を志望する理由は、将来情報関係の仕事につきたいと思っている私に最適な大学だと確信したからです。私は幼少期に初めてコンピュータに触れて以来、興味をもち、高校2年のときに自作のソフトウェアを組むまでになりました。しかし、ユーザーからは非常に使いにくいという声もあり、使いやすさを実現するのは困難であることを実感しました。この経験が情報工学を学ぼうと思ったきっかけです。　——①

　「情報格差」が問題になるなか、高齢者や障害者などにも使いやすい環境が求められています。情報格差の生じない社会をソフトウェアの面からつくり上げていきたいと考えています。　——②

　大学研究の最中に、貴大学主催の研究室公開と模擬講義に参加する機会があり、その際にメディア情報学プログラムの〇〇研究室に特に興味をもちました。研究内容のなかでも、「□□システム」を用いたコンピュータによる多彩な演出に驚きました。この研究では、人間の手足のような柔軟な動作を可能にし、コンピュータを有機的でだれにでも親しみやすいものに変え、機械の物理的な動きの幅を広げていくものでした。私はそれらにとても興味を惹かれ、是非とも自分もその一員になりたいと思いました。

　また、テキストだけでなく、研究対象の動画が使われていることで想像ができ、大変わかりやすい内容でした。そしてグループ活動が導入されており、話し合いを通じて他の人の意見や考え方を知り、そのなかで問題解決に向けて協力することで、参加者同士でより理解を深め合う体験ができました。この実践は有意義で魅力的であり、貴大学へ入学したいとさらに思うようになりました。　——③

　上記にも述べた〇〇研究室のように創造的な研究がある貴大学で、あらゆる人に使いやすい情報社会の実現を目指す研究・開発のため、勉学に励み続けることが私の使命だと思っています。

指導のポイント

　「情報工学に興味を持ったきっかけ」「情報工学と身の回りの社会との結びつき」「大学の特徴を分析し、そこで学びたい理由」が主な柱である。その上で他の大学にはない特徴を示させながら、志望理由を考えさせた。

①について

　志望理由において、その学問分野に興味を持ったきっかけを記述することは、本人の個性が出て読み手の目に留まりやすい。自身のこれまでの経験やエピソードを交え、自分の言葉で説得力を持たせていくというイメージで書かせることが肝要である。この例ではコンピュータと自分との関わりや成長を述べるだけでなく、それにともなう問題点も指摘している。このように常に問題意識を持たせて、志望理由をまとめていくように心がけさせた。

②について

　「情報格差」という言葉を用い、端末の操作も不慣れな高齢者や障害者などがそのデメリットを受けやすい社会問題に触れている。それを踏まえ、自らの研究分野を社会にどう還元していくか、いかに有効に活用するかを考えさせ、述べさせることも必要なことである。指導の結果、自らの知識・技能を活かし、より簡単に操作しやすい情報ツールの開発を目指すという自らの視点が盛り込まれ、社会貢献に対する意欲も感じさせられるものとなった。

③について

　志望理由には、「その学校だからこそ、学びたいと考える理由」を盛り込むことが大切である。例えば、「システム開発を学びたい」という志望理由だけでは、他の大学にも当てはまってしまう。なぜこの大学で学びたいのか。他の大学にはない特徴を見つけた上で、志望理由を考えることが大切である。指導の結果、この希望理由書では、大学主催のイベントへの参加、具体的な研究室名とその研究内容、講義の内容と、あらゆる角度からの志望大学の分析が記述された。また、主体性をもって多様な人々と協働して学んだ経験が大学でも活かせることが期待でき、読む側が好感のもてる内容になった。

1. 学修計画書について

　活動報告書が、高校時代までの学校生活の様子や活動の実績など、生徒の「過去を語る」ものであるのに対し、学修計画書は記載する生徒本人の「未来を語る」ものである（19ページの図参照）。前者が、「これまで」を記述していくことに重きを置くとすれば、学修計画書は、「これから」を具体的に記述していくことを重視すると言ってもよいだろう。

　これを『見直し予告（通知）』の「志願者本人の記載する資料等」の部分で確認してみよう。そこには、以下のようにある。

　「大学入学希望理由書や学修計画書を活用する際には、各大学が、学部等の内容を踏まえ、大学入学希望者に対し、入学希望理由や入学後に学びたい内容・計画、大学卒業後を見据えた目標等を記載させる」

　ここで学修計画書に関わる個所は、後半の「入学後に学びたい内容・計画、大学卒業後を見据えた目標等」の部分であろう。やはり、「入学後」「大学卒業後」という言葉に象徴されるように、「未来を語る」との認識をもって生徒に記入させるものだと考えてよい。つまり、大学入学後の近い将来と卒業後のさらにその先の将来へ向けて、**「なにを学び、どのように学び、それがどのように仕事や生き方に関わっていくのか」**を語るのが学修計画書なのである。

　当然、ここで記入される内容は記入時点での「計画」である。したがって、たとえ大学入学後の4年間でまったく異なる方向に進むことになったとしても、或いは計画内容に大きな変更があったとしても、それはやむを得ない。ただし、あくまでも記入する段階では、計画の実現性をしっかりと考え、明確で正直な内容に仕上げていくことが大切になってくる。それでこそ、「入学を強く希望している」という受験生としての熱意が大学側にも伝わるし、記載内容の説得力も増していくのである。

2. 指導のポイントと留意点

（1） 様式について

　活動報告書などと同様に、様式に定まった規格はないので、各大学の求める様式に合わせて記入していくことになる。これまでの AO 入試で用いられてきた様々な大学の様式をみても、記入すべき 3 ～ 4 項目に対して、数行から数十行の罫線が引かれている場合が多い。記入分量として、「500 字程度」と文字数を指定する場合もあるが、おおむね項目ごとに、かなりの分量の記入を求めてくると考えてよいだろう。

　以下、過去の入試でいくつかの大学が公表したものから、生徒が記入すべき項目だけを拾ってみたので参考にされたい。表現は異なっても、ほぼ同じ内容の項目が並んでいる。ここからも、大学側は学修計画書に何を求め、どのようなことを評価のポイントにしているのかがうかがえる。

A 大学

①　高校までに達成したこと 　　（熱意をもって取り組んだこと、経験から学んだこと） ②　大学で達成したいこと及び将来の夢 　　（具体的な目標、特に勉強したい内容・計画を含む） ③　自由記述（関心のある時事問題とそれに対する自分の意見など）

B 大学

①　将来の目標とその目標を持った理由 ②　目標のために、今まで取り組んできたこと ③　目標達成のために、本学入学後に取り組みたいこと

C 大学

①　入学後の学修到達目標 ②　合格から入学までの学習計画 ③　入学後の学修計画

（2） 記入内容の指導のポイント

　論理的な文章を書く際に「5W1Hを大切に」と指導することがある。「未来を語る」ことを目的とした学修計画書の場合に当てはめて考えれば、この「5W1H」のうちの「2W1H」を基本とするとよいだろう。

　「なぜ（Why）・どのような（What）・どのように（How）」を記載の中心に据えて書いていくことで、大学側の求めにも応じられるのではないだろうか。以下に、「2W1H」を含めた記入上の4つのポイントをあげておく。

①　Why 「なぜ、この大学でなければならないのか」

　「この学部や専攻を選んだ理由、きっかけ」等を、過去にさかのぼって長々と記載することは、「未来を語る」ことを重視する学修計画書にはふさわしくないとも言える。

　それよりも、「なぜ○○大学の○○学部・○○学科でなければならないのか」の理由を、志望する大学のアドミッション・ポリシーやシラバスや出前授業を受けた経験などに求めて書くことのほうが、どれだけ説得力を持った内容になるかは自明だろう。

　例えば、「貴大学でしか学べない『○○論』や、○○教授のゼミを受講することは私の夢の実現には必須である」とすれば、「だから、この大学に入りたいのだ」という熱意の表現でもある。

　このような記述にしていくためには、大学の詳細な情報の収集が必要である。あらためて、オープンキャンパスへの出席や募集要項・ホームページの内容等の徹底した研究をするよう指導していきたい。

②　What 「どのようなスキルを身に付けたいのか」

　大学卒業後の進路をある程度明確にしたら、そこで必要とされる技能や知識や様々な能力（スキル）も明確になる。事前の指導段階で、それらを列挙させておこう。

次に、それらスキルを身に付けられる授業やプログラムの存在を、出願大学のカリキュラムなどと対照させて調べさせることである。そこから、「**この学部・学科なら私の目標とする○○や△△のスキルを確実に獲得できる**」、或いは「**網羅的に学べる**」といった「①」よりもさらに具体的な記載が可能になろう。

　また、大学の教育方針がスキル獲得に大きな意味を持っている場合もあるので、その観点から記載することも一つの方策である。例えば、「**貴大学が重視する『幅広く分厚い教養教育を基盤』としたカリキュラムは、高校まで理数科目重視で学習してきた私には足りない、哲学や文学の世界にも導いてくれる**」のようなオリジナリティのある記載方法にもつながる。

③　How その1「どのように学修していくのか」

　まさしく「学修」の「計画書」であることを考えれば、4年間の大学生活で学び研究していく内容は、それなりに緻密でなければアピールする力は弱くなってしまう。そこで記入するにあたって、「逆算の思考」で計画を立てていき、具体的なものにしていく方法があるので、下記を指導の参考にされたい。

　その際のポイントを「児童福祉司を目指す心理学科」志望者の例で考えてみよう。

1　**10年後の職業人（先に明記している）としての自分の在り方を構想する。**
「児童福祉司として、様々な問題を抱える児童に寄り添い家族にも社会にも寄与する」

2　**その職業に就くために必要な資格等を挙げていく。**
「児童福祉司は任用資格。心理学・教育学・社会学のいずれかを専修。福祉施設などで1年以上実務経験を積む」

3　その職業に求められる「大学での学びとは何か」を検討する。

4　大学での各年次で、「どのような学びを修めるか」を志望大学に
　設置されている具体的な講義名で並べていく。逆算の思考法なの
　で、4 年次から 1 年次へと並べる。

　・大学 4 年次　公務員試験対策　卒業後の実務経験対策

　　　　　　　　社会心理学実習　社会・集団・家族心理学

　・大学 3 年次　生涯発達心理学　教育相談

　・大学 2 年次　児童心理学　生徒指導論　法学

　・大学 1 年次　社会福祉概論　児童福祉論　心の健康

　このような考え方に基づいて、指定の学修計画書の様式（特に記入欄の大
小）を考慮しながら記載していく。上の例は「逆算の思考」過程を示したも
のなので、「4」は「大学 4 年次」からのものになっているが、記載する際に
は「1 年次」からの順にするし、受講理由も添えていくのが通常だろう。

　記載する前段階では、計画の立案のための情報が必要である。その情報源
の一例を以下に挙げよう。

　・大学のホームページ（シラバス、モデルコース、教員の専門性等）

　・オープンキャンパス（在学生の声、進学相談、模擬講義、質問等）

　・大学案内や学部案内（図書館やキャリアセンター等からの紹介記事等）

④　How その 2「キャリアをどう役立てるのか」

　大学での学びは、卒業の先にある世界（社会）で活躍することに役立てる
のが目的だと考える。現在の問題意識を大学での幅広い学びの過程でさらに
掘り下げ活動し、やがては、そのキャリアを社会の諸問題の解決に活かして
いくことである。学修計画書が「未来を語る」ことなら、この記載こそが最
終目的だろう。「逆算の思考」は、ここから始まることを強調して指導の端緒
にしたい。

学修計画書　記入のチェックポイント

□ **なぜ（Why）・どのような（What）・どのように（How）を中心とした書き方になっているか**

　＊もっとも書き落としてはならない事項や事柄を意識して、そこに重点を置いた文章構成になっていることを確認する。

□ **大学で学ぶことへの熱意が伝わる表現になっているか**

　＊「どうしてもこの大学で、この学びを」という熱意が、各記載部分から伝わってくるかチェックする。その生徒の意欲や情熱が文章表現として結実しているかどうかを確認する。

□ **緻密な学修の計画を立てられているか**

　＊熱意だけが空回りした文章では、「計画書」とは言えない。面接やプレゼンテーションの際にも、学ぶべき内容を大学での年次にしたがって、具体的な講座名とともに語れるくらいの緻密さが求められる。もちろん、将来の夢や将来構想と合致した計画であることは言うまでもない。

□ **情報源の正確性を確認したか**

　＊インターネット情報は基本的に信頼性は担保されていない。大学のホームページも含めて、インターネットから様々な情報を取って記載する際は、信頼できるパンフレットや書籍で確認しておく。

学修計画書

3. 指導例

◆人文科学系志望生徒の学修計画書◆

　私は小さい頃から本を読むことが好きで、なかでも『ナルニア国物語』『指輪物語』『クマのパディントン』といったイギリスの児童文学に夢中になりました。そして、たくさんの児童文学を育んだイギリスの文化的な背景にも関心を抱くようになり、「総合の時間」において「イギリス児童文学の誕生」というテーマでレポートを仕上げました。子どもを「大人の小型版」とみなすのではなく、子ども時代を特別な時間として尊重する文化が早くから発達していたことを非常に興味深く感じました。

　また、3年間 ESS に所属し、留学生との交流会などに積極的に関わってきました。習慣や価値観の違いに驚き、趣味などで共通点が見つかり、異なる文化背景をもつ人々の考え方に触れ、視野が広がりました。

　以前から大学では英語を学びたいと考えていましたが、なかでも英米文学を学び、異文化を理解したいという気持ちが強まりました。そして大学卒業後は高等学校の英語教員になり英語教育や国際理解教育を進めていきたいと希望し、次のことを身に付けたいと考えています。

　① 原文を深く読解するための語学力
　② 文学作品の背景にある異文化を理解する力
　③ 英語教育に関する幅広い知識

　このような目標を達成するためには、英語や英米文学、異文化理解などについて幅広く学べる環境が重要であり、「専門的知識を修得しつつ、英語によるコミュニケーション能力を活用できるようにする」という貴大学の英米文学科の特色にひかれました。また、多数の英語教員を輩出している実績があること、大学に国際センターがあって様々な留学制度が充実していることなど、これらは他大学にはない大きな魅力です。

　貴大学に入学後の学修計画は、英語と英米文学に関連する知識を深めつつ、英語教育についても学ぶつもりであり、具体的には以下のような受講を考えています。

1 年次　英米文学の基礎と語学を学ぶ
　・英米文学概論　　・英語学概論　　　　・教育学概論
2 年次　英米文学の基礎と語学を学ぶ
　　・児童文学　　　・比較言語学　　　・教育心理学
3 年次　ゼミに所属して作品を深く読み込む
　　・イギリス文学演習　　・イギリス文学特講　　　・英語教育学
4 年次　卒業論文を書く
　　・イギリス文学演習　　・英語学特講

　これらの特色のある講座を履修して、文化的な背景に対する知識を身に付け、英米文学及び英語という言語についての理解を掘り下げたいと思います。また大学でも ESS に所属して国際交流に積極的に関わったり、留学制度を利用して異文化について学びたいです。

　語学の学習にも力を入れ、在学中に英語検定 1 級を取得することを目標としています。そして教員免許状を取得し、卒業後は高等学校の英語教員として、国際社会でコミュニケーションがとれるような生徒たちを育てたいです。

指導のポイント

　はじめは「英米文学が好きだから大学で学びたい」という書き方だったが、英語教員になって英語教育や国際理解教育に貢献するという「英語を媒介にして何がしたいのか」を問いかけ続けた。そして、生徒が学びたいことと大学の特色がどのように合致するのか、志望大学のカリキュラムを調べて学修計画を立てさせ、卒業生の就職状況なども確認するよう指導した。また、留学制度など大学側が設けている学生支援を、どのように活用していくのかについて盛り込むと厚みが出ることも指摘した。

　大学生活の漠然としたイメージではなく、大学で修めたい知識、取得したい免許、体験したいこと等の具体的な目標も明示できたことを高く評価した。

◆社会科学系志望生徒の学修計画書◆

　私は高校2年の秋、図書委員会の広報係として古書店巡りをした際に、戦前の児童雑誌に連載された漫画『のらくろ』に出会いました。

　生まれてすぐに捨てられた仔犬の「のらくろ」は、生きていくために厳しい軍隊生活を送りますが、素直で明るい性格から、皆にかわいがられて成長します。「のらくろ」が所属する軍は熊や猿たちと土地や物資の覇権争いをしますが、「のらくろ」の機転で幾度もピンチを切り抜けていきます。そして最後は軍曹まで出世するものの、満州に行くと言って皆に惜しまれて除隊する、という話です。

　当時の「のらくろ」は、子どもたちの人気者だったようです。マンガのコマの空いたところには、ストーリーとは関係ない「のらくろ」の切り絵の紹介や、相撲四十八手の挿絵がありました。また、筆者が「のらくろ」のぬいぐるみや、文房具、日用品に囲まれている写真もありました。これなら子どもたちは、親に商品化されたグッズを買ってほしいとせがんだに違いないだろう、と微笑ましく思いました。

　ところが、ここに日本史で学んだ昭和史を重ねていくと、ぞっとするようなことがわかったのです。昭和3年には私が幼い頃から大好きだった「ミッキーマウス」が映画デビューしたのですが、この年には大陸に活路を求めた関東軍が起こした満州某重大事件（張作霖爆殺事件）がありました。『のらくろ』の連載を始めた昭和6年には満州事変が勃発しています。その後日本は国際連合を脱退し、世界から孤立を深めていくなかで、ハワイの真珠湾を攻撃します。この間、大陸の開拓者や兵士として送り出された少年たちは、戦争の犠牲者となっていきました。

　そこで、私は「のらくろ」が戦前のメディアを通じて子どもたちの憧れの対象になり、参戦意識にどのような影響を与えたのかを検証してみたいと思いました。方法論としては、当時の社会文化と消費文化の2領域からのアプローチでとらえてみたいと考えています。

さて、貴大学の人間社会学部には「幅広い視点で人間生活やその足取りを批判的思考力によって検証し、21世紀の社会とメディアとの様々な姿を創成する人材を輩出する」というアドミッション・ポリシーがあるのを知りました。また、学部の専攻を横断する多くの選択講座が設置されていて、私が研究したいフィールドに合致する領域があるので、強い魅力を感じています。

　そこで、私は貴学部に入学後、4年間の学修を次のように計画しています。1年では「社会学入門」「歴史学概論」を受講し、それぞれの基礎を体系的に学びます。2年で「新聞報道論」で大政翼賛会による報道統制を研究し、「児童文化論」で戦前の児童雑誌の系譜について学びます。3年は「流通メディア論」でアニメキャラクターが商品化されるプロセスについて広告媒体や資料をもとに調査します。そして4年では「(仮題)戦前の児童漫画による国威発揚」という論文をまとめてみたいです。

　研究については、まずは、CiNiiの論文検索で先行研究を調べ、文献にあたりたいです。また、大学に併設されているメディア研究センターで、学芸員の方にアドバイスを頂きながら、収蔵されている古い映像も見るつもりです。これらを足がかりにして、私なりの研究論文を創成できるのではないかと考えています。

指導のポイント

　社会科学の分野は、人間と社会の在り方を探究する。その領域は幅広いので、生徒が関心をもったテーマをどのような視点で研究するか、見通しが立ちにくいともいえる。

　この生徒は、偶然古書店で目にした古い児童雑誌のページをめくるうち、キャラクターに引きつけられた。それと同時に、遠い昭和史が身近に感じられたという。その体験を研究に活かすために、学部案内にある講座名や入学後のモデルプランを複数大学で比較した。さらに施設見学時に学芸員から聞いた実際の研究の方法も参考にして、4年間の学修計画書が具体化した。

◆自然科学系志望生徒の学修計画書◆

　数学は最も好きな教科で、様々な問題が正確に解けたり、とても無理だと思った問題の解き方が閃いたりしたときの達成感や成功感が、たまらなく好きです。でもそれに加えて「あること」にとても興味をもち、さらに深く数学を学びたくなりました。

　それは人工知能 AI です。自動車の自動運転や、医療面での病気の予測や新薬の開発など、人類全体にとって救世主のように感じました。

　貴大学には AI の研究者がとても多く、オープンキャンパスで実際に AI 研究の話を聞き、私たち人間の思考を、100％機械で代替できる日が本当に来るのか、AI が取って代われない人間の思考とは何なのか、様々なことを考えさせられました。まるで夢のような世界が浮かび、ワクワクします。

　AI とは、人間の知的能力をコンピュータ上で実現するものなので、その研究には、数学以外にもあらゆる学問、知見その他、人間に関わる物・事の全てが関係するものだと思います。直接関連する分野は、数学については「線形代数」「統計」「微分積分」であるという情報もあり、貴大学に入学してからは、このような数学科の学習を中心にしながらも、他学部、他学科の講義や実習を、時間や制度の許す限りとっていきたいと思っています。

　学校で数学の楽しさを子どもたちに教えたいという希望もあり、教員免許を取ることも計画に含めたいと考えています。

　具体的には次のようになります。

　1 年次には語学や専門の基礎科目を中心に一般教養科目も選択する。

　「自然科学全体の基礎科目（物理、生物、化学、地学）」「大学数学入門」「線形代数学緒論」「位相空間論」「人工知能の哲学」「教職関連科目」

　2 年次には 1 年次で学んだ諸科目の演習科目を選択すると同時に、専門性の高い科目にシフトしながら、人工知能関連の講義を最大限学修す

る。具体的には次の科目が中心になる。

　「解析学」「応用数学緒論」「数理統計学総論」「群論」「計算数学」「人工知能の基礎と応用」「教職関連科目」

　3年次ではゼミに所属し、専門科目中心の学修になる。

　「プログラミング」「マルティメディア」「ネットワーク総論」「確率論」「体とガロワ理論」「人工知能実践プログラムの解析」「教職関連科目」

　4年次にはゼミでの学習を深めながら、少人数での講義を中心にしつつ、卒論の完成と就職又は大学院のための準備を行う。

　「数学ゼミ」「人工知能関連研究機関との協働研究」「コンピュータによる数式画像等の処理」「卒論」「教育実習」

　AIの行く末にはプラス面だけではなく、仕事がなくなり失業者が多くなるなどのマイナス面についても指摘されています。自動翻訳、音声入力などが当たり前になり、語学力、文字力、計算力などは小学生レベルからも低下していくと言われます。心配はきりが無いですが、私はそれは未知数の部分が大きいと思っています。AIで差別をなくすことも可能だと思っています。人類全体の幸せにつながる研究になる、必ず役に立っていく、そう信じて私は学び続けたいと思っています。

指導のポイント

　AIを研究していくためのルートには、様々な入り口があるが、理学部の数学科で学びながら研究したいというのが本人の考えである。理学部数学科のなかで、AI研究に特に必要な数学分野の調査や、AI研究に力点を置いている大学を調べたこと等を、学修計画書のなかには反映するように指導した。

　将来の進路として、研究者として大学院への進学と、教師としての道の両方を考えていることはそのまま計画書のなかに反映させた。数学やAI以外に関心を持たないような書き方にならないように注意し、終わりの部分には多くの人の幸せを願う気持ちと研究の在り方を表現させた。

◆工学系志望生徒の学修計画書◆

　私は幼少期から折り紙や模型作りのような造形・空間デザインに興味がありました。住居デザインにはとりわけ関心が強く、中学生の頃は両親といっしょにモデルルーム見学に行くのが楽しみでした。最初は室内インテリアや装飾にも惹かれていたのですが、自宅の新築をきっかけに、次第に建物そのものに興味が移行していきました。街歩きをして個性的な建物を見つけると、思わず近寄って細かい構造まで観察してしまいます。なかでも好きな建築物は「国立新美術館」で、緑の広場を美しく映し出すガラス張りの明るい外観とその存在感には、いつ見ても圧倒されます。自然と調和のとれたこのような建物を自分でも設計できたらすばらしいな、という思いが建築を目指す私の出発点となりました。

　高校では「総合の時間」のなかで、持続可能な開発目標（SDGs）に関連した個人研究として、エネルギーの無駄な消費を減らす建築物のアイデアを、同じ班の友人たちと協働して探究し、成果をクラスでプレゼンテーションしました。成果発表後も自主研究を続けています。そのなかで建築への進路希望がより強固になり、今では大学での学問研究がとても待ち遠しいです。

　建築は自分の仕事が住居として日々の生活に役立つことに大きな意義を感じます。また、自分の設計したものが自然の風景の一部となり、形となって残ることも魅力です。

　貴大学を志望している理由は、研究理念である「自然・人間・社会とこれらの調和的発展のための科学と技術の創造」が私の夢に合致しているからです。また、真に実力を身に付けた学生のみが卒業できる「実力主義」というアドミッション・ポリシーの下で自分を鍛える大学生活にしたいと考えています。そして建築学を通じて社会に貢献できるような人間になりたいと思います。

　貴大学への入学許可後は、建築学の土台となる数学や物理、化学、情

報処理などを学際的に研究し、以下のような学修計画で着実に力をつけていきたいです。

　1年次　建築学の土台作りと概観
　　　・数学（線形代数、微積分）・物理・化学・情報処理・建築学概論
　　　・建築製図・設計の基礎
　2年次　専門領域の基礎固め
　　　・建築計画・建築史・設計製図・構造力学・構造デザイン
　3年次　専門分野の絞り込み
　　　・都市計画・現代建築・建築防火・建築振動・地震工学
　4年次　専門性の深化
　　　・計画系・環境系・構造系のいずれかの研究室への所属、卒業論文

　卒業後は所定の実務経験を積み、1級建築士の資格取得を目指します。また、専門性をさらに伸ばす手段として修士課程に進むことも卒業後の選択肢の一つです。将来は人の夢や理想を叶える手助けができるような立派な建築士になり、人と自然が共生する街づくりに貢献したいと熱望しています。

指導のポイント

　一口に「空間デザイン」といっても、「都市計画学」「土木工学」「インテリアデザイン」「プロダクトデザイン」「工芸」など、学問分野は細分化されている。本人の漠然とした夢から「建築学」に絞り込ませるには、慎重な面談が必要だった。進路希望先が決まったあとは、「自然と調和のとれた建築」をキーワードに全体をまとめさせることで、一貫した文章となった。

　この生徒の場合、将来の目標（1級建築士になる）が明確になっていたので、「逆算の思考」が容易ではあった。したがって、大学のホームページを参照・比較することで志望校も順調に選定することもできた。

◆医療系志望生徒の学修計画書◆

　モノづくりの好きな私は工業高校に進学しました。機械設計や、製図などの実習的な学習で得た知識や技術、部活動のラグビーを通じて友人たちと過ごした充実した時間は、今の私にとってとても大切な宝物です。しかし私は、将来の進路を考え始めて、どこの会社、どこの大学と考えたとき、一体私にとって一生大切になることは何なのか悩みました。考えた結果、私にとって一番大きな喜びは、自分の作ったモノで、感謝してくれたり楽しんでくれた人を身近に感じた時だったことに気がつきました。

　高校の福祉活動で車いすの制作や修理を体験して施設にそれを持っていったときのこと、文化祭で創ったゲームソフトで、来場した子どもたちが楽しんでくれたときの、その人たちの笑顔が忘れられません。それが義肢装具士という仕事につきたいと思った出発点となりました。自分の作ったモノで社会の役に立ち、人を喜ばせたりして、それを直接感じることが私の生きがいです。

　オープンキャンパスに参加したとき、実際に現場で働く義肢装具士の〇〇氏の話を聞き、紹介された映像を見て、これこそ私がやりたいことだと確信をもちました。

　貴大学には義肢装具学科以外にも、保健医療学部のなかに看護師、理学療法士を目指す多くの学科があります。義肢装具だけの他校と比べて、専門や活動内容が異なる学生と学び合える点は、とても魅力があります。他にも工学部や薬学部等があり、最新の設備を使った実習、他学部の学生とのコラボ授業など、学んでみたいことが山ほどあります。

　専門的な技術を学んで優れた装具士となることはもちろんですが、それ以前に、義手、義足等を必要とする目の前の人との関わり、共感できる人間性やコミュニケーション能力が大切だと思います。入学後はその点を意識した学習や生活を心がけたいと考え、貴大学のカリキュラムを

見て、次のような計画を立てました。

　1 年次　「英語・日本語表現」「コミュニケーションスキル」「物理」
　　　　　「スポーツ健康学」「工学」「情報処理などの基礎科目」「解剖学」「材
　　　　　料学」「技師装身具力学等の専門科目群の基礎科目」

　2 年次　「義手・義足学」「公衆栄養学」「整形外科学」
　　　　　学んだ知識を臨床実習に活かせるようにする。

　3 年次　「ゼミに所属」「福祉関連用具の理解演習」「CAD による図面
　　　　　作成」「卒業研究テーマの考察」

　4 年次　「義肢装具全般の演習」「国家試験に向けた勉強」

　工学などは、高校で学んだ科目をさらに深く学べるので楽しみです。体力や精神力を鍛えるとともに人間性を高めるためにも、入学後は部活動やボランティア活動等にも積極的に関わろうと思います。

　義肢装具士の仕事は、医療関係のなかでは、必要とされているにもかかわらず、現在わずかな人数しかいません。収入的にも他の医療職よりもまだまだ低いのが現実です。障害のあるなしにかかわらず、自分らしい生き方ができることに貢献するこの仕事は、私の生きがいになっていくと信じて、自分の技術をさらに磨き、頑張っていこうと思っています。

指導のポイント

　多少書き出しの行数が多くなったが、モノづくりによって笑顔と向き合いたい、という願いが志望の根本にあることを熱く語る内容である。単科大学や専門学校ではなく、4 年制総合大学の良さを調べ、学習の意欲を「山ほど」という表現で率直に記したことや、オープンキャンパス時の話題など、志望大学への強い入学意思が表明できている。

　学修計画のなかの専門科目については、工業高校で学んだことの関連なども記載するように指導した。現在の義肢装具士の現状も理解した上で、将来の仕事に対する熱意を述べることができた。

◆芸術系志望生徒の学修計画書◆

　小学校時代から通い始めた美術教室や中学校の美術の授業を経て、高校受験を機に本格的に「美術系」に進むことを意識していきました。そして将来の職業も、美術教師や会社の美術スタッフなどを考えて、美術専攻のある高校へと進学しました。

　高校では、全国総合文化祭等にも出場するような仲間たちとの活動によって「創造すること」の楽しさを知り、「表現すること」の難しさや深さも共有できました。そして専攻コースを決める時に、全盲の英語の先生が私の立体作品に触れて、「絵画はわからなかったけど、あなたの作品はよく理解できた」とおっしゃって下さったのです。このとき私は、彫刻は表現の幅を広げることのできる芸術だと気がつき、彫刻専攻に進むとともに、大学でもその専門性や創造性を高めていこうと決めました。

　現段階では、大学卒業後の具体的な職種は決めかねています。ですから、貴大学入学後の履修に関しては専門分野だけに縛られずに、教職課程も含めて、以下のような多くの講座で学んでいきたいと考えています。

　1年次は、貴大学の教育方針のように、基礎的な表現技術や知識について「系」を横断的に学んでいき、2年次の専攻コースにつないでいきます。また、教職課程は年次が進むと履修すべき科目が増えていくので、1年次から計画的に履修していくつもりです。

　2年次では、特色のある「コンテクスト・アーツ科目群」から、「版画演習、電子音楽演習、アートキュレーション演習」を選択し、ここで学ぶ実技によって、専門とするつもりの「彫刻」の表現技術を豊かに広げたいです。

　3年次・4年次には、「映像論」や3Dプリンターを使用する授業を選択し、最新の技術を将来の仕事に活用したいと思います。同時に、美術・デザインの理論や歴史を再確認しながら、卒業制作に向かって専門性を高めるための自主的な活動や勉強にも努めたいと考えます。

貴大学が掲げるカリキュラム・ポリシーには、「横断的カリキュラムにより、柔軟な専門分野選択を可能とする」とあります。私のように「美術教師」が将来の選択肢の一つになっている者にとって、写真・絵本・映像・アニメーション・修復保存などのコースがあり、幅広い専門的な講義と実技を学べることは大きな魅力です。

　また、オープンキャンパス時の説明や授業見学で、私は「ここには自由な雰囲気のなかにも、学生のやる気に大学全体で応えてくれる温かな環境がある」と感じました。このことは一人ひとりの創造性を育んでいくことにも、資格取得や進路選択にも欠かせないものになっていくのだと思います。

　大学卒業の先にある世界は、まだはっきりとは私には見えていません。ただ、私の彫刻作品を障害のある方や、小さい子どもから高齢の方にも触れてもらい、何かを感じ楽しんでもらいたいというのが私の思いです。その原点を大切にしながら、大学での学びを活かして社会に貢献できる職業の選択につなげていきたいと考えます。

学修計画書

指導のポイント

　美術系の専門学科の高校に進学し、大学も同じ専門を目指すということだったが、将来の職業への関心が低かった。そこで、現段階で考えうる希望職種を記載させ、面談時に本人が語った文末のような一文を入れるよう指導した。ただし、「美術系」という特色のある大学への志望なので、講座の内容を徹底的に調べ、学修計画にも詳細に反映させるよう指示した。

　また、この生徒とのやり取りのなかにでてくる話（全盲の先生の話・オープンキャンパスで感じた話等）には、心に響く言葉が多かったため、文章化してどう組み込んでいくかを共に検討していった。その結果、大学の教育方針などとの一致点も見いだせる的確な文章になった。

◆体育系志望生徒の学修計画書◆

　私の所属しているチアリーディング部は、県優勝の実績があります。しかし、私は2年生のときに腰と膝を痛め、レギュラー入りを諦めざるを得ませんでした。故障の原因は、自己管理が足りなかったことや過度の練習、そして部活動内の人間関係によるストレスにあったのです。

　この経験を通じて、スポーツに取り組む青少年が体も心も自らコントロールでき、良好な対人関係をも築けるようになる指導理論を大学で学び、それを活かして地域のスポーツ指導者になる思いを抱くようになりました。そして、スポーツ指導者に必要な条件を、自分なりに次のように考えてみました。

　①　スポーツやその指導を「科学」の視点からとらえられること
　②　子どもの心や発達の段階に応じた指導ができること
　③　話し合いや協働する経験などを重視する指導ができること

　このような目標を達成するためには、スポーツ科学はもちろん、教育学やマネジメント学も修めなければならないと考えますが、貴大学の目指すビジョンには、「スポーツの実践から生じる諸問題について、人文科学・社会科学・自然科学の諸分野から総合的に分析・検討を加え、得られた新たな知見や解決法を実践現場に還元する」とあります。これは私の目指す方向に合ったビジョンですし、オープンキャンパスで説明を受けたカリキュラムも、私の目標の実現を後押ししてくれる授業内容だと思いました。これらは、他大学にはない大きな魅力です。

　貴大学に入学後には、治療で回復した腰や膝に注意しながら、本格的なチアリーディングの練習にも励み、改めて協調で成り立つ部活動を経験したいと思います。また学修計画は、まずは人としての教養を深めつつ、故障などの対応法から学び始めるつもりです。次に、スポーツ理論と子どもの心と体に関する勉学に力を入れ、さらに組織マネジメントの研究を進められるよう構想しています。具体的には以下のような受講を

考えています。

　１年次　スポーツの基礎理論と指導の実践論を中心に学ぶ

　　　・運動方法　・テーピング理論と実習　・スポーツ哲学

　２年次　基礎理論の深化を図る

　　　・スポーツバイオメカニクス　・スポーツ生理学　・統計学

　３年次　心や体の発達理論を中心に学ぶ

　　　・スポーツ心理学　・発育発達論　・スポーツ法学

　　　・○○教授の演習

　４年次　組織管理やマネジメント理論を中心に学ぶ

　　　・経営組織論　・スポーツ経営管理学　・地域スポーツ演習

　これらの特色のある授業を学修して得られた知識やスキルを基礎に、卒業後にはスポーツ関連企業に就職し、日本体育協会の公認資格「コーチ２」取得も目標の一つにしたいと思います。そして将来的には、青少年がケガや故障でスポーツから離れてしまうことなく、「安全に、正しく、楽しく」競技力を向上していくサポート役としての指導者になって、地域の振興に貢献できればと考えています。

指導のポイント

　冒頭で、体育系の大学に進む理由を述べ、簡単にスポーツ指導への問題提起を行った。当初、経験談がかなり長文になっていたので短めにし、自分の目指す指導者像を示すよう指導した。そして、その指導者像が出願大学のビジョンや授業内容と合致していることを強調させた。

　つづいて、志望大学のカリキュラムをよく調べ、年次ごとの特色ある受講予定科目を並べて具体的に示した点にも工夫があったので評価した。最後に将来への展望に触れる箇所では、日本体育協会のホームページから引用してはどうかと助言したところ、「安全に、正しく、楽しく」を援用することもできた。

コラム 「アドバイスカード」を携行させよう

1．誰が提出書類の添削指導をするのか

　生徒が書類の作成に取り組むことは、自分の表現力を伸ばし、新たな自分のとらえ方ができる好機です。ところが、「それは担任の仕事だから」「教科で見てもらいなさい」「進路部の先生のところに行きなさい」などと訪ねた教師に言われ、だれに指導を依頼すればよいのかわからなくなる生徒が少なくありません。

2．持ち回りの指導記録の必要性

　そこで下図のようなカードを作成すれば、指導の継続性の観点からも齟齬が起きにくくなるでしょう。毎回、生徒自身に記録させます。

＜アドバイスカードの例＞

出願先　（　　　）大学（　　　）学部（　　　）学科		
出願方法（　　　　　）	提出期限　　月　日郵送必着	
月　日	担当教師	先生からのアドバイスの内容
○月○日	□□先生	志望理由をまとめ将来像とつなげた。初めは書き方がよくわからなかった。社会問題に関しての新聞記事を探すように言われた。
○月○日	△△先生	志望大学のアドミッション・ポリシーをまとめて、難しい専門用語を質問した。
○月○日	○○先生	過疎地の訪問看護の記事を参考に、高齢化の進む地域の課題をまとめた。自分ならどうするかの意見を箇条書きに書き直した。
○月○日	○○先生	起承転結の構成を練り直した。先生との話し合いで授業発表のことを書くことにした。
○月○日	□□先生	多めの分量で削ったエピソードは面接で言うことにした。接続詞を意識して使ってまとめ直す。
○月○日	□□先生	下書き最終点検。字の大きさに注意する。

第 **4** 章

就職者用調査書の記入例

1. 記入にあたって

（1） 様式について

　新規高等学校卒業者の就職の採用選考に係る応募書類（調査書と履歴書）は、文部科学省、厚生労働省、全国高等学校長協会の協議のもとに、「全国高等学校統一応募書類」が定められている。現在使用されている様式は、平成17年（2005年）3月に改訂されたもので、平成18年（2006年）3月の新規高等学校卒業者から適用されていて、現在も使用されている。

　このときの改訂の趣旨は、高等学校における就職事務の適正化と簡素化を図るとともに、採用のための選考に際して、応募者本人の人権に配慮し、本人の適性・能力以外の要素が加味されるなどの不合理な差別を排除するためであった。調査書の作成に当たっては、「全国高等学校統一応募書類」が定めた趣旨を十分に理解しておく必要がある。

（2） 記入のポイントと留意点

① 指導要録等に基づいて作成する。
② 「学習の記録」欄の記入など、コンピュータを利用して作成することも考えられるが、評定値などの入力データの点検には、必ず複数の目で確認する必要がある。
③ 「本人の長所・推薦事由等」欄の記入については、応募先の職種や業種の違いにより変更や修正がありうる。生徒本人が記入する履歴書内の「志望動機」の記載内容との関連を意識しておく。
④ 調査書と履歴書は封筒に入れた後「封緘」印を押すなど厳封する。
⑤ 就職者用調査書は新規の高校卒業者のみに必要な提出書類である。既卒者には不要である。

2. 記入の実際

　平成29年（2017年）7月に発出された「見直し予告（通知）」により、進学者用調査書では様式や記載内容について大きな変更があったが、就職者用調査書の記入については、「2018年版学習指導要領」の下での、新たな様式や記入内容の変更通知は出ていない。したがって、様式は従来通り（平成17年改訂）の統一用紙と同一であるが、指導要録等に基づいて作成される調査書の記入に際しては、「2018年版学習指導要領」の趣旨を十分くみ取った記載としなければならないだろう。

　特に注意すべき点は「特別活動の記録」と「生徒の長所・推薦事由」の欄である。後述の記載を参照されたい。

(1)　氏名、学校名等

ふりがな		性別	現住所	
氏　　名	平成　年　月　日生			
学校名			在学期間	平成 令和　年　月　入学（第　　学年）　編入学 転入学
課程名	全・定・通　学科名			令和　年　月　卒業・卒業見込

　この欄には、氏名、生年月日、性別、現住所、学校名、課程・学科の別、入学時の日付、卒業等の日付を記入する。

【1】　氏名、性別、現住所の欄

《記入上の注意等》

①　調査書の全ては、指導要録等に基づいて作成される。調査書を記入する時点において、転居や町名変更等による現住所変更の手続き、処理が正確に済んでいる必要がある。

　　生徒の届け忘れも考えられるため、調査書の記入前に、現住所等記入に

当たって必要な項目は、生徒または保護者に確認をしておく。

② 現住所は都道府県名から書く。

③ 氏名にゴム印を用いてもよいが、インクがにじまないことを必ず確認する。

④ 性別の欄は「男」または「女」を記入する。

【2】 学校名、課程名、在学期間の欄

《記入上の注意等》

① 学校名、課程名、学科名は、必要な枚数を各校で印刷した様式を準備しておくとよい。課程、学科などが複数ある学校は、その名称を全て印字しておき、該当項目を○で囲むようにする。

② 学校名は、各学校であらかじめ印刷しておく。

また、○○県立○○高等学校、学校法人○○学園○○高等学校など、国立、公立、私立の設置者がわかるように正確に書く。

③ 全日制・定時制・通信制の別は該当項目を○で囲む。あらかじめ、印刷で○を入れておいてもよい。

④ 専門教育を主とする学科については、農業、水産、工業、商業、家庭、音楽等の別及び各科の別を記入する。例えば工業に関する学科の機械科の場合には、工・機械のように記入する。

⑤ 在学期間の欄は、年と月を記入し、（入学・編入学・転入学）と（卒業・卒業見込）の別は該当項目を○で囲む。入学・卒業等の欄の元号は、不要な元号を二重線で消す。編入学や転入学の場合は、（第　　学年）に、編入学または転入学した学年を記入する。

⑥ 学年による教育課程の区分を設けていない全日制、定時制及び通信制の課程においては、「学年」を「年度」と読み替えて記入する。あらかじめ「年度」で印刷しておくとよい。

（2） 学習の記録

2　各教科・科目等の学習の記録						教科・科目		評　定			
教科・科目		評　定						第1学年	第2学年	第3学年	第4学年
		第1学年	第2学年	第3学年	第4学年						
教科	科目					教科	科目				
					総合的な学習の時間						
					留　　学						
					計						

高等学校在学中の全学年について、次のように記入する。

【1】　「教科・科目」の欄

教科名及び科目名は、指導要録に基づいて記入する。

「教科・科目」の欄については、普通教育に関する教科・科目、専門教育に関する教科・科目の別が明確に区分されるよう記載する。

「教科」の欄については、枠指定をしていないので、記入に当たっては、各教科ごとに線で区分けする。

留学については、「総合の時間」の欄の下の空欄に「留学」と記載し、高等学校長が修得を認定した単位数を記入する。

《記入上の注意等》

① 　教科・科目の順番は、指導要録の教科・科目と同じにしておく。

② 　各学校であらかじめ教科・科目を印刷したものを用いると便利である。

その際、各教科の境目の線は太めの線にしておくと見やすくなる。

【2】 「評定」の欄

評定値は5、4、3、2、1の5段階で表示する。

卒業見込みの者で、最終学年の成績が未決定である場合には、当該学年における直近の成績を総合し、学校として判定した成績を、最終学年の成績として記入する。

大学入学資格検定試験又は高等学校卒業程度認定試験の合格科目を、高等学校の各教科・科目の単位を修得したものとみなした場合は、「評定」の欄にそれぞれ「大検」又は「高卒認定」と記入する。また、「学校間連携」や「技能審査」などで認定された単位については、指導要録の記入の仕方に準ずる。

学校設定科目の記載についても指導要録の記入の仕方に準ずる。

学年による教育課程の区分を設けない全日制、定時制及び通信制の課程においては、「学年」を「年度」と読み替える。

留学については評定は記入しない（評定の欄は斜線を引く）。

《記入上の注意等》

① 2学期の終業式よりも前に発行する場合は1学期末までのものを成績とする。

② 3学期に発行する場合は2学期末までの成績（1、2学期を総合したもの）を成績とする。

③ この欄の記入については、特に細心の注意を払う必要がある。記入した後は、他の担任と交換して点検をしたり、互いに読み合わせをして点検をするなど、複数の目で点検するのがよい。

④ パソコン等を利用する場合にも、入力などの人為的ミスも含めて、コンピュータを過信することなく、点検を丹念に行うことが必要である。

＊留学に係る評定について

「留学」欄に記載した場合は、外国の高等学校の発行する成績や在籍、科目履修に関する証明書又はその写し（高等学校長が原本と相違ないことを証明したもの）を添付することが望ましい。

（3）　特別活動の記録

この欄には特別活動を通して、生徒が望ましい人間関係を形成し、よりよい学校生活づくりに向けて自主的・実践的に取り組んだ事柄を記入する。具体的には、ホームルーム活動、生徒会活動、学校行事の他に、ホームルームや学年、学科等の枠を越えた、集団による活動が含まれる。

また、就職者用応募書類には進学者用の調査書にある「指導上参考となる諸事項」に相当する記入欄がない。このことから「特別活動の記録」の欄にボランティア活動、資格取得・検定等、その他特に必要と認められる事項を記述する。さらに、就職者用応募書類は特別活動の記録の欄が全学年一つにまとめられている。記入にあたっては、指導要録に記された内容に基づき、以下の点に留意して記入するよう努める。

① 生徒の長所に着目し成長が見られた面や、特に力を注いだ活動を具体的に記録する。

② 委員・係・役員名だけの記入にはせず、具体的な活動の様子も記入する。

③ 希望職種に直接関わる活動内容がある場合は、それを記入する。

（縦書き）就職者用調査書

199

<記入文例>

① ホームルーム活動

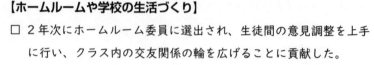

□ 2年次にホームルーム委員に選出され、生徒間の意見調整を上手に行い、クラス内の交友関係の輪を広げることに貢献した。

□ 明るく誠実な人柄なので、男女を問わず周りの生徒から頼りにされている。

□ クラス内ではあまり目立つほうではないが、しっかり者で、必要な場面において適切な発言をすることから、一目置かれた存在である。

□ 前向きで温かい雰囲気をつくりだすことができる。クラスのムードメーカーとして大いに貢献した。

□ 3年間号令係を務めた。全体に通る声で「よろしくお願いします」「ありがとうございました」と全員の声を束ね授業規律を整えた。

□ アルバム委員として、クラスページの構成・割り付け作業を丁寧に行った。生徒が撮影した写真も集め、思い出に残る内容にするため作成中である。

【学業と進路】

□ 定期考査前に、自主的に放課後教室に残って勉強した。だれとでも気さくに接することから、互いに教え合う雰囲気をつくった。

□ クラスに配布される進路関係の資料を見やすいように掲示した。その結果、情報を生徒間で共有でき全体の意識が高まった。

□ 朝学習のプリント配布や答え合わせの仕事に携わり、クラスの学習意識を高めることに寄与した。

□ 教科の提出物や配布物を速やかに配布・回収するなど、自分の仕事の枠を越え裏表なく誠実に働いた。

□ 公務員説明会に参加し、講師の説明を熱心に聞くとともに積極的に質問を行うなど、卒業後の進路について真剣に考えた。

② 生徒会活動

【生徒会の計画や運営】

□ 生徒会長として、昨年度の振り返りをもとに活動内容を見直した。今年度新たに生徒会新聞を発行し、全校生徒に生徒会活動への理解と関心を高めた。

□ 生徒会役員を務め、ベルマークや使用済みのプリンターインクを回収する運動を企画し企業に送った。現在も後輩への引き継ぎに尽力している。

□ 生徒総会では、評議委員として司会進行役を担当した。多数の議事案件や質疑に対して、公平かつメリハリある対応で円滑に進めた。

□ 生徒会と環境美化委員会が協働して、ごみの分別や校内美化について生徒集会で呼びかけた。校内ポスターは美術部に依頼するなど学校全体での取り組みを行い、次第に効果が現れた。

【委員会活動】

□ 文化祭実行委員に立候補し、多くの生徒のアイデアを取り入れようと、担当の教師と協議を重ねた。その結果、新たな文化祭をつくり出すことができた。

□ 文化祭で、図書委員会による「高校生の読書調査について」の研究発表・展示を行い、高い評価を得た。

□ 保健委員会では委員長に協力して環境問題の啓発に力を注いだ。ペットボトルのキャップ回収活動を企画・運営するとともに、率先して参加し、生徒のリサイクル意識を高めた。

【学校行事への協力】

□ 文化祭のクラス代表となり、役割分担に合わせて夏休み中の活動日程を調整した。夏期講習や部活動のある生徒が無理なく参加できた。

□ 体育委員として、各生徒の希望を活かし体育祭の出場種目の調整

を行った。また、朝練習参加の声かけを積極的に行うなどしてクラスの団結を強めた。

☐ 新入生との対面式では、生徒会副会長として企画運営に主体的に関わった。当日は司会進行役を務め、他の役員と協力して和やかな雰囲気で式を盛り上げた。

【異年齢集団による交流】

☐ 体育祭で応援団活動に取り組んだ。不慣れな１学年に上級生として丁寧な指導をするなど、縦割りの組織をまとめた。その結果、団結力のあるチームとなった。

☐ 夏祭りの環境整備の生徒責任者になり、地域の中学校の生徒会役員と協力して分担区域を統制し、連携して運営に当たった。

☐ 近隣の小学校と合同で行った避難訓練では、担当の小学生と手をつなぎ、安全面に注意しながら本校グランドへ避難した。

☐ 中学生を対象とした学校説明会で、生徒会役員として施設見学の案内に協力した。中学生からの質問に丁寧に答え、好評を得た。

【ボランティア活動などの社会参画】

☐ 日頃から、車いすの生徒に声かけをしたり、移動の際に荷物を持ったりとサポートを行っている。周囲の生徒にも援助する雰囲気がつくられた。

☐ 近隣の児童館に定期的に通い、小学生への学習援助を行った。当初は戸惑うこともあったが、穏やかで誠実な人柄により子どもたちから信頼を得て、自信をもって活動できるようになった。

☐ 高齢者福祉施設で開催された「新年を祝う会」に参加した。高齢者と話をする際には、座っている相手の目線に合わせて姿勢を低くするなど自然な立ち振る舞いを見せた。

☐ ボランティア部と連携し、近隣の保育園と定期的に交流した。参加者を確保するため、生徒会で募集ポスターを作成した。

③ 学校行事

【儀式的行事】

☐ 放送委員として入退場や式中の効果音楽等を適切に流した。

☐ 式歌の伴奏などを吹奏楽部員として協力した。

☐ 卒業式で、在校生代表として「送辞」を読んだ。

☐ 始業式・終業式の際に、部活動全体の活動報告を全員の前で行った。

【文化的行事】

☐ 合唱祭でパートリーダーとして熱心な活動をした。（1年次）

☐ クラスの文化祭実行委員の仕事を、強い責任感をもって実行した。

☐ 芸術鑑賞教室の終了後に行われた劇団員との交流会に代表として
　参加した。（2年次）

【健康安全・体育的行事】

☐ 健康診断時に、保健委員として積極的に務めを果たした。

☐ 交通安全教室の際に、自ら進んで自転車の乗車体験活動を行った。

☐ 校内マラソン大会時に運営係として責任をもって仕事を行った。
　（2年次）

【旅行・集団宿泊的行事】

☐ 1年次では遠足委員となり「しおり」作成を行った。

☐ 宿泊防災訓練時に生活委員として役割を適切に行った。

☐ 旅行委員として修学旅行の準備活動を熱心に行った。（2年次）

☐ 修学旅行時に現地の高校生との交流会の企画運営を行った。

【勤労生産・奉仕的行事】

☐ 震災時に学校としての募金活動に参加し熱心に活動した。（1年次）

☐ 地域の事業所と連携した美化活動に取り組んだ。（2年次）

☐ 校区内の夏祭りに、学校の代表生徒として参加した。

☐ 福祉・介護体験活動に年間を通じて参加した。

就職者用調査書

（4）　出席状況

　この欄の記入に関しては、指導要録の「出欠の記録」欄の該当欄を転記する。

出席状況		1年	2年	3年	4年
	欠席日数				
	欠席の主な理由				

【1】　欠席日数の欄

　この欄には、「出席しなければならない日数」のうち、病気や生徒自身の責任による事故、その他の理由で欠席した場合の日数を記入する。

【2】欠席の主な理由の欄

①　この欄には、病気や事故の内容など、欠席につながった主な理由を簡潔に記入する。

②　記入に際しては、生徒本人の申告や保護者の届出に基づいた欠席理由を記載するという配慮が必要である。

③　「怠惰な生活」や「不登校」など、記入者の主観を含んだ表現は避ける。

＜記入例＞

　・骨折による入院

　・風邪及び発熱

　・体調不良

　・盲腸炎の手術

　・右足首捻挫による通院

　・母親の入院にともなう看護、付き添いのため

　・転居による家事手伝い

　・遠隔地の祖母の法事のため

（5）　身体状況

身　体　状　況						検査日・ 　 年 　 月
身　長	cm	視	右　（　　）	聴	右	備
体　重	kg	力	左　（　　）	力	左	考

（視力欄に A ～ D が記入されている場合、A：1.0 以上、B：1.0 未満 0.7 以上、C：0.7 未満 0.3 以上、
D：0.3 未満を表す）

① 　この欄には、生徒の身体状況について、「高等学校用生徒健康診断票」の
　　最も新しい記載事項に基づいて記入する。
② 　記入の際には「生徒の不利にならない」ように、養護教諭との連携、必
　　要に応じて学年や進路部との協議を行う。
③ 　記載内容に疑義の生じないように、保護者や生徒と十分な話し合いをも
　　つ必要が生じる場合もある。
④ 　「視力」欄は表の下に記載されている通り、A、B、C、D で記載しても
　　よい。
⑤ 　「聴力」欄は特に異常が無ければ「異常なし」と記入する。

（6）　本人の長所・推薦事由等

本人の長所・推薦事由等	

　長所・推薦事由に関しては、本人の性格、学習面、健康、生徒相互の関わ
り、意欲、適性など多くの観点よりとらえて記入するとよい。
　記述に関して、担任が多くの生徒の長所等、全てを把握することは困難な
面がある。そのような点を補うために次のように資料収集を行い、客観的に

正確な記入ができるように努めたい。

① 指導の記録は日常的に行う

日常生活のなかで気がついたことを、随時記録にとどめておく。生徒の個人ファイルをつくり、面談のメモなどを保存する。生徒本人の作文等も大いに活用すること。

② 他の教職員からの情報を集める

生徒を多面的にとらえるため、他の教職員からの情報を集める。学年担任団や教科担当者、部活動顧問、さらには司書や養護教諭、事務職員などから生徒の意外な行動や優れた面の情報が得られることがある。

③ 生徒自身に自己評価をさせる

生徒自身に、努力したことやアピールしたいこと、自身の変化などについて書かせ、参考にする。保護者の意見も参考になる。

④ 生徒相互の受け止め方をつかむ

教師と生徒では見方が異なるものである。教師から見えない生徒の長所があるかもしれない。例えば他の生徒との間では信望が厚いといったことである。日頃から他の生徒との関係にも目を配り、生徒理解に努めることが大切である。

＜記入文例＞

以下の文例は「性格に関する記載」「部活動・委員会等の記載」「学習に関する記載」「職業適性に関する記載」ごとに数例を示している。個々の生徒に応じて、それらを生徒の実態に合わせて適宜組み合わせてアレンジし、最後は「…推薦できる人物である」「…等の理由から、貴社に自信をもって推薦する」などとまとめるとよい。

性格に関する記載（明朗・活発等）

☐ 明るく活発である。生活面・学習面とも大変真面目である。元気な挨拶は、その場の雰囲気を明るくする。

☐ 明るさと元気の良さは持って生まれた天性の素質の一つであろう。他人の相談事などにも親身になって寄り添うことで、相手の気持ちをいやすことができる長所をもっている。

☐ 大らかで明るい性格である。型にはまらぬのびのびとした性格で、友人の輪の中心にいる人物である。

性格に関する記載（冷静・沈着等）

☐ 冷静で周囲をよく観察し落ち着いた行動ができる。物静かであるが内面の強さも持っている。派手ではないが忍耐強く何事にも誠実に取り組む。

☐ 慎重で多方面に配慮した行動ができる。情緒が安定していて、感情の起伏がなだらかである。

☐ 思慮深く、努力を継続できる粘り強さを持っている。自分の感情に任せた発言や行動をすることが少なく、周囲から「大人」とみられている。秘められた闘志と芯の強さがうかがえる。

性格に関する記載（温厚・堅実等）

☐ 人望が厚く存在感のある人柄である。周囲への気配りを忘れず、他人に対して寛容な対応ができる。規律正しい生活態度である。

☐ 口数は少ないが、人の話を素直によく聞き、温厚で優しい性格である。感染症の拡大防止のため学校が休校になった際には、妹とマスクを手作りし、高齢者施設に寄付した。

☐ 温厚で洞察力に優れている。物事に対して、軽はずみな行動をせず、計画的に確実な遂行をする。他人に対して優しく自分に対しては厳しい。

部活動に関する記載 (運動部)

☐ 中学校から続けているバレーボール部を高校でも3年間継続した。厳しい練習にも途中であきらめず、体力と精神力は人一倍もっている。

☐ 野球部のマネージャーを務め、細やかな気配りと、計画性をもって、部員間、部員と顧問と間の連絡調整を適切に行うバランス感覚も優れている。

☐ 陸上競技部に所属し、記録の向上などに熱心に取り組み続けた。生活習慣や食事の栄養バランスなど、基礎的な体力の向上のための研究にも熱心で、3年次の大会では好成績を残した。

部活動に関する記載 (文化部)

☐ 3年間演劇部を続け、目立つタイプではないが、練習前の準備や練習後の片付けなど真面目に責任ある態度で取り組み、3年次には県のコンクールで金賞を受賞した。

☐ 文化祭でクラス演劇に取り組んだ際には、演劇部員として身に付けたノウハウを積極的に活かして、クラスの皆を引っ張る原動力になった。

☐ パソコン部での活動のなかで、音や動画を効果的に活用した秀逸なマルチメディア作品を完成し、作品コンテストで最高の評価を得た。

委員会等に関する記載 (生徒会・係)

☐ 生徒会長として、公約で掲げた「生徒会新聞」の発行を定期的に行い、行事の盛り上げや、地域と協力した活動等で、生徒全体の意識を向上させる取り組みを行うことができた。

☐ 教室環境整備係の仕事をきちんと責任をもち、皆と協力しながら地道に行い、教室はいつも整然としていた。

☐ 教科係として、授業前の準備や提出物、担当の先生からの連絡等、確実にやり遂げる几帳面さをもっている。

学習に関する記載（文系科目）

☐ 豊富な読書量で、読解力や語彙力に秀でている。表現力豊かな文章を書き、〇〇コンクールでは作文の佳作を受賞した。

☐ 歴史に対して日頃から興味関心を深くもち、過去の出来事に関連させた思考ができる。現代の社会事象に対しても深い洞察力での判断ができる。

☐ 英会話の能力に秀でたものをもっている。英検2級の資格をもち、英語のスピーチコンテストでも県の代表で感動的なスピーチを行い、高く評価された。

学習に関する記載（理系科目）

☐ 理科の実験後に緻密で正確なレポートを書くことができる。データの処理、画像の描画等高校生のレベルを超えた力をもっている。

☐ 確実な計算能力がある。事象を分析したり結果を考察するなど、論理的に思考することが得意で、テーマ学習のレポートなどに説得力がある。

☐ 情報処理全般に対して高い能力を示す。特に文書作成、表計算、プレゼン資料作成などでは、〇〇検定の2級を取得している。プログラミング力も併せ持ち実践力が高い。

学習に関する記載（商業・工業・その他系科目）

☐ 機械設計製図の資格をもち、丁寧で緻密な図面を作成できる。自動車の組み立てや改良に対しても強い興味をもって学習に取り組んだ。

☐ 商業科目全般に高い理解力と応用力をもっている。簿記や電卓、マーケティングなど、実務に役立つ基礎力を十分もっている。

☐ 幼児期から現在までのピアノ練習で、豊かな音楽性と、再現力の技術を併せもっている。初見で演奏ができること、難しい楽曲でも優れた表現ができることなど秀でた存在である。

職業適性に関する記載（ホテル系）

☐ 礼儀正しさと、人の喜ぶ姿で素直に自分も嬉しくなれる気持ちは、ホテルスタッフとして自信をもって推薦できる資質である。

☐ おもてなしの心と、誰からも話しかけられやすい雰囲気を醸し出す人柄である。常にお客様のことを第一に考え身軽に迅速に行動できる。

☐ 大勢のスタッフのなかで、チームプレーを自然に行うことができる。健康と清潔感を常に心がけ、言葉遣いなども好ましい印象を与える。英語の語学力にも優れ、国際感覚ある応対のできる人物である。

職業適性に関する記載（配送・配達系）

☐ 責任感が強く、人の思いや願いを届ける仕事においても信頼できる行動がとれる。高校3年間皆勤で、健康面体力面ともに安心感がもてる。明るい笑顔で円滑なコミュニケーションをとれることも貴社に推薦できる理由である。

☐ 3年間の部活動で培った体力・精神力で、簡単にはへこたれない。旅好きで、目的地の地理などを調べることが好きな点も向いている理由である。

☐ 配送・配達の仕事につくために、普通自動車運転免許もすでに取得している。事故やトラブルに対して常に細心の注意が払える。

職業適性に関する記載（事務系）

☐ 決められた仕事に対しては、内容の違いにかかわらず、ミスなく正確な処理を行える。パソコン作業にも習熟していて、資料の整理も適切で素早い。

☐ 気持ちが安定していて、細かいところにもよく気がつく。集中力があり、テキパキと事務処理を行える。

☐ 目立たない性格で、表に出ることよりも、裏方でしっかりと仕事をすることを好むタイプである。向上心も強く、常に今より良い方法、簡潔な処理を工夫していくことができ、事務職に相応しい。

職業適性に関する記載（小売販売系）

☐ 人間関係を円滑に形成することができ、職場の同僚や、販売時の顧客との関係づくりなどでその資質が活かされるだろう。

☐ 他人の気持ちを理解しながら、その場に相応しい言葉を選び、敬語等を適切に活用できることは、販売関連の仕事に適した資質と言える。

☐ 好奇心と研究好きな資質は、顧客の質問への適切な商品説明でも活かされるだろう。高校在学中に、自ら販売士の資格を取るなど販売系の仕事に意欲的である。

職業適性に関する記載（製造系）

☐ 生来の手先の器用さがあり、細かな作業もいとわない。集中力と責任感をもった丁寧な作業等、製造関係の仕事に適性をもっている。

☐ 集団での作業で、適切な人間関係を形成し役割や責任をしっかり果たせる。この資質は同僚との共同作業などで活かされると思われる。

☐ 高校2年の夏休みに、近隣の工場で機械部品製造のアルバイトをして「モノづくり」の楽しさに目覚めたという。製造現場で意欲的に働く意思をしっかりともっている。

就職者用調査書

職業適性に関する記載（飲食系）

☐ 家庭科の調理実習や文化祭での模擬店などで、衛生面への配慮、スピーディーな作業などに秀でていた。黙々と作業を続ける忍耐力も備え、飲食系の仕事に向いている。

☐ 生来の明るい性格と人当たりの良さは、飲食関連の仕事での作業と接客に対して生き生きとした活動を想像させる。

☐ 宅配弁当のアルバイト経験から、飲食関連の仕事に興味関心を強くもつようになり、より良いサービスに力を注ぐ気持ちを高めている。

職業適性に関する記載（ファッション・アパレル販売系）

☐ その場に応じた対応ができ、必要とされるときに、的確なタイミングで声かけができる。日頃から流行に敏感で、笑顔と元気が持ち味である。

☐ 対面販売で、自然な雰囲気で自分から進んで話しかけることができる。相手の話を注意深く聞きながら、人当たりがやわらかく、適切な会話が続けられる。清潔感をもち、物事にクヨクヨしない。

☐ 他者とコミュニケーションをとることが好きで、会話中も好感が持てる。ファッションに関する知識も豊富である。

職業適性に関する記載（福祉系）

☐ 祖父母と生活してきた経験もあり、高齢者への細やかな配慮と尊敬の気持ちを常にもち続けている。

☐ 人の良いところを見つけられる能力に秀でており、細部にこだわらない性格なので、貴社の仕事に向いている。

☐ ふだんから、掃除や片付けなど体を動かすことに抵抗なく取り組む。体力もあり、夜勤や早朝勤務等にも十分耐えられる。他者への思いやりの気持ちが強く介護職に向いている。

職業適性に関する記載（プログラマー・IT系）

☐ 在学中から情報処理系の科目に興味関心を強く持ち、ITパスポートの資格も自ら取得している。スマートフォンのゲームプログラムを自作する等、貴社の仕事に多くの適性を有する。

☐ 好きな情報処理関係の実習で、高い集中力と忍耐力を発揮し、時間を忘れるくらい没頭していた。

☐ すでにいくつかの情報処理の資格を取得しているが、加えて基本情報技術者試験、その他の資格試験を目指して勉強に努めている。

(7) 記載者

＜記入例＞

記　載　者	清水　香織　　　　　　㊞

　記載者の氏名を記入し、認印を押す。パソコンを利用して作成したものも印を必ず押す。

(8) 作成年月日

　最後に、日付、所在地、学校名、電話番号、校長名を記載し、校長の職印（いわゆる公印）を押す。

　所在地や学校名はあらかじめ印字しておくとよい。校長名はゴム印を使用してもよい。

＜記入例＞

> 　上記の記載事項に誤りのないことを証明します。
> 　　令和　○　年　○　月　○　日
> 　　　　（所在地）〒○○○－○○○○　　○○県○○市○○町○○番地
> 　　　　（学校名）○○県立○○高等学校
> 　　　　（電話番号）○○－○○○○－○○○○
> 　　　　（校長名）　　　　　　　　　　　田　中　一　郎　　㊞

全国高等学校統一用紙（文部科学省、厚生労働省、全国高等学校長協会の協議により平成17年度改定）

就職者用調査書

1. 日本商工会議所検定の種類

商業高校の学習内容に関連の深い検定が多数あります。

- ・簿記　　・日商プログラミング　　・販売士
- ・日商 PC　　・日商ビジネス英語　　・そろばん（珠算能力）
- ・電子会計実務　　・DC プランナー　　・キータッチ 2000
- ・ビジネスキーボード　　・EC 実践能力
- ・電子メール活用能力　　・日商マスター

2. 高等学校の教科学習と関連する資格

英語以外でも、国語や数学、社会や理科その他教科の学習内容と関連するものも多く学習意欲の向上につながります。

- ・日本漢字能力（漢検）　　・実用数学技能（数検、算検）
- ・日本語（語検）　　・ニュース時事能力（N 検）
- ・実用理科技能（理検）　　・歴史能力（歴検）
- ・健康管理能力　　・食品安全

3. その他

運転免許などは就職先から事前に取得を求められることがあります。将来の進路に関連し、進路活動の動機付けにも役立ちます。数年後に更新手続きや会費支払いを継続しないと、資格を失効するものもあります。

- ・普通自動車運転免許　　・普通自動二輪免許
- ・普通救命講習Ⅰ～Ⅲ　　・ライフセーバー
- ・パソコン整備士　　・旅行地理　　・ウェブデザイン技能

　資格のなかにはネット（オンライン）で申し込み、さらに受験さえも可能なものもあります。社会的な信用度が十分でない資格・検定もあるので、生徒の進路希望に沿って役立つものを見極めることが大切です。

第 **5** 章

就職者用履歴書の指導例

1. 履歴書について

（1） 様式について

　新規高等学校卒業者の就職の採用選考に係る応募書類（調査書と履歴書）は、第4章でも述べたように「全国高等学校統一応募書類」が定められている。この用紙が定められた趣旨は、高等学校における就職事務の適正化と簡素化を図るとともに、応募者の適性・能力に基づく差別のない公正な採用選考を行うためである。

　現在使用されている様式は、平成17年（2005年）3月に改訂され、平成18年（2006年）3月の新規高等学校卒業者から適用されている。制定当初の趣旨を踏まえつつ、応募者の人権に配慮するなどの観点に立ち、適性・能力についてより具体的に記述できるよういくつかの事項において改訂が行われた。

　例えば、履歴書においては、「保護者氏名」欄を削除し、家庭環境などによる影響を及ぼさないよう配慮した。また、「資格等」欄を縮小し「志望動機」欄を拡大することで、応募者の意気込みをより強くアピールできるものとした。さらに、「所属クラブ等」を「校内外の諸活動」欄に名称変更し、部活動、ボランティア活動、インターンシップなど、学校内外での活動状況を記入できるようになった。高校生活3年間で、興味関心をもち特に力を注いで取り組んだ事柄について明記させる。

　なお、応募者の基本的な人権を守り、個人情報保護と採用のための選考における不合理な差別の排除のため、次のような事項は記入しないよう指導を徹底する必要がある。

・本人や家族の本籍地や出身地	・本人の生い立ち
・保護者や家族の職業や学歴	・家族の収入や家族構成
・本人の思想・信条・信仰	・住居と周囲の環境

(2)　指導のポイントと留意点

　履歴書は、就職希望先に自分のことをアピールする重要な書類であり、第一印象に影響を与えるものである。採用担当者は履歴書も含め、採用の可否の判断を行う。このことを生徒に十分理解させ、心を込めて丁寧に記入するように指導する。履歴書を作成することにより、生徒の就職活動への動機付けとなり、真剣さも高まる。社会人としての必要な事柄を身に付けさせる機会にもなるため、念入りな指導が必要である。

　次のような指導により、生徒が自信をもってしっかりと履歴書を完成できるように援助したい。

① 就職希望者を対象に求人票が公開される前から、履歴書記入のための説明会を行うとよい。進路指導部と学年担任団で協力し指導にあたる。

② 必ず下書きをさせて、個別に点検し添削指導をしてから清書させる。履歴書作成には、じっくりと取り組ませるための時間を確保する。

③ 黒いペンやボールペンを用いて丁寧に記入させる。鉛筆、シャープペン、消せるペンでの記入は絶対にさせない。

④ 誤字脱字がないように、入念な点検をする。漢字で書ける文字は漢字で書いているか、文字の大きさや筆圧にむらがないか等、気をつけさせる。

⑤ 修正ペン・修正テープは使用させない。修正された跡が残る履歴書は印象が悪くなるので、くれぐれも注意する。

　なお平成17年（2005年）、「個人情報の保護に関する法律」が全面施行されている。さらに個人情報のデータベース化をはじめとする、情報通信技術の発展や事業活動のグローバル化等を踏まえ、平成29年（2017年）に改正法が全面施行された。調査書作成や履歴書記入指導に際して、生徒の個人情報に触れる機会が多くなる。「特定された利用目的の達成に必要な範囲を超えて、個人情報を収集・保有していないか」や「机上に無造作に置いたままにしていないか」等を再点検し、ずさんな管理により第三者の目に触れることのないよう十分注意する。

2. 記入の実際

履　　歴　　書

令和　　年　　月　　日現在

ふりがな		性別
氏　名		

写真をはる位置

(30 × 40mm)

生年月日	昭和・平成　　年　　月　　日生（満　　歳）

ふりがな	
現住所	〒

ふりがな	
連絡先	〒

（連絡先欄は現住所以外に連絡を希望する場合のみ記入すること）

（1）　作成年月日

　記載内容を証明する直近の月日を記入する。具体的には就職希望先へ提出する前日に記載内容を確認し、その日の年月日を記入する（持参の場合はその前日、郵送の場合は投函する日または投函する前日の年月日を記入する）。

（2）　写真

①　3ヶ月以内に撮影した履歴書添付用の写真を使用する。

②　髪形やメガネの使用などが、提出時と一致する写真であること。

③　接着剤付きでない写真の場合は、はがれたときのことを考えて、裏に学校名及び氏名を記入してから貼りつける。

④　カラー又は白黒かは指示に従う。指示がなければカラーが無難である。

(3) 氏名、現住所、連絡先

① 氏名は住民票の通りに記入する（旧字体の場合は旧字体のままで記入する）。ふりがなは、指定されている文字が平仮名なので平仮名で記入する。
② 性別の欄は「男」または「女」を記入する。
③ 生年月日欄は、昭和、平成のいずれかを○で囲む。満年齢は、記載日現在の年齢を書く。
④ 現住所は、正しい住居表示で書く。特に、地番については「番地」なのか「番」なのか、住民票で確認してから記入する。また、団地、マンション、等の場合は「3丁目3番1号○○団地302号室」のように正確に記入する。
⑤ 連絡先は特別な場合を除き記入しない。現住所以外に連絡を希望する場合のみ記入する。

(4) 学歴・職歴

	平成令和 年 月	高等学校入学
学歴・職歴	平成令和 年 月	
	平成令和 年 月	
	平成令和 年 月	

（職歴にはいわゆるアルバイトは含まない）

① いわゆるアルバイトは記入しないこと。
② 卒業見込みも忘れずに記入すること。

（5）　資格等

	取　得　年　月	資　格　等　の　名　称
資格等		

　この欄は、生徒本人の日々の努力の成果が資格として証明されたものを記載する。

　生徒が国・地方公共団体の認定する資格等を取得している場合はもちろん、民間団体が認定した資格等についても積極的に記入するよう指導したい。

　なお、学校教育法施行規則第98条では、「文部科学大臣が定めた知識及び技能に関する審査（第2項）、及びボランティア活動その他継続的に行われる活動（第3項）を校長は当該高校の単位として認めてもよい」としているので、その活用を検討したい。

【1】「取得年月」の欄

　認定団体が発行した資格認定書・証明書の発行年月を参照して、正確に記入させる。

【2】「資格等の名称」の欄

　資格には、検定試験に合格した「級」等があるので、これを資格名とともに記入し、併せて認定団体名も記入させる。

《記入上の注意》

　履歴書の提出日直前に新たな資格等を取得する場合もあるので、記入欄の下方部分を空欄にしておく。また、昇級のための検定を受検している場合は、提出日直前まで「級」等の数字を空欄にしておくよう指導する。

《参考資料》

●文部科学省認定の技能検定種目

・速記　　・秘書　　・レタリング　　・ラジオ・音響

・トレース　　・ディジタル　　・毛糸編み物　　・レース編み物

・実用英語　　・硬筆書写　　・毛筆書写　　・実用フランス語

・家庭料理　　・スペイン語

●公益財団法人全国商業高等学校協会（商業高校）主催の検定試験

・珠算・電卓実務検定試験　　・簿記実務検定試験

・ビジネス文書実務検定試験　　・英語検定試験

・情報処理検定試験　　・商業経済検定試験

・会計実務検定試験　　・ビジネスコミュニケーション検定試験

●公益社団法人全国工業高等学校長協会（工業高校）主催の検定試験

・計算技術検定　　・情報技術検定　　・パソコン利用技術検定

・初級 CAD 検定　　・基礎製図検定　　・リスニング英語検定

・グラフィックデザイン検定

(6)　趣味・特技、校内外の諸活動

趣味・特技		校内外の諸活動	

　この欄の記入にあたっては、生徒自身の個性や活動の成果がわかるような、具体的な記入の仕方を心がけさせたい。

【1】　「趣味・特技」の欄

　記入する際には、上段に趣味を、下段に特技を記入するのも一方法である。

　趣味については、現時点で興味の高いものを記入することになるが、一つだけとは限らず複数記入もありうる。

特技については、資格等の延長線上にあるもの（珠算、英会話など）もあろうが、自分が得意とする運動競技の記録やコンクールでの成績なども積極的に記載するようにさせたい。

＜記入例＞

□ 旅行（古代遺跡を訪ねる）

□ 写真撮影（風景、人物）

□ 音楽鑑賞（ポピュラーミュージック）

□ 料理・菓子作り

□ 柔道初段

□ 書道３段

□ 手話（○○市講習会中級修了）

□ 普通救命講習（○○消防署、救命技能認定証取得）

□ 英会話（TOEIC600 点以上取得）

【2】「校内外の諸活動」の欄

委員会活動や係活動、生徒会役員の経験、部活動、ボランティア活動等を学年ごとに記入させる。

＜記入例＞

□ 野球部マネージャー（１年次）

□ 文化祭実行委員長（２年次）

□ ダンス甲子園準優勝（３年次）

□ 小学生キャンプボランティア（１年次、８月）

□ 絵本読み聞かせボランティア（３年次、○○保育園、７月）

（7） 志望の動機

志望の動機	

　面接試験では、「志望の動機」欄に書かれた事柄について、こと細かに聞かれると思って間違いない。「この会社に絶対入りたい」「一生懸命頑張りたい」と思う気持ちを表現し、志望就職先へ自分をアピールできる貴重な欄である。言葉を十分に吟味して、簡潔にまとめることが大切である。

　その際には、以下の４つのポイントを押さえて全体の構成を考え、欄いっぱいを使って書くように指導する。5W1Hとともに、自身の適性との関連を問いかけ、働くことへの覚悟を引き出すことも忘れないようにする。また、書き出せない生徒に対しては、面談で聞き取りながら書かせるとよい。

＜ポイント＞

① 　その会社を志望した理由を明確にする。

　（求人票や会社案内を精読し、その会社のよいところに注目する）

② 　その分野に関する関心や適性について、学校生活を踏まえて確認する。

③ 　その会社で何がしたいのか、何ができるのか。

　（求人の職種を踏まえ、自分の強みや興味を結びつけながら自己アピールする。できれば具体的なエピソードを交える）

④ 　入社への意欲・熱意を伝えるとともに、将来の目標や夢を述べる。

　生徒自身の思いがしっかり伝わるよう、一文字一文字心を込めて丁寧に書くように指導する。基本的なこととして、修正ペンなどを使用していないか、誤字や脱字はないか、話し言葉は使用していないか、同じ言葉を繰り返し使用していないかなどをチェックする。

　なお、志望の動機の具体的な指導については、「3. 志望の動機の指導例」を参考にしていただきたい。

就職者用履歴書

223

(8) 備考

備考	

　この欄には、「資格等」「趣味・特技」「校内外の諸活動」「志望の動機」以外で記入したい（と本人が思う）事項がある場合に記入する。記入したいことがなければ記入する必要はないとされている。したがって、特別なことがない限り、この欄は空白のままでよい。

　特別の場合とは、以下の記入文例のようなことが考えられる。しかし、このような場合であっても、本人が記入を希望する場合に限ってのことである。企業の方に、どうしても伝えておかなければならないと本人が考えた場合に記入する。記入するかしないかについては、「応募者の適性と能力に基づく公正な採用・選考を確保」「応募者の人権への配慮」という趣旨を本人に十分説明し、適切に対応する必要があろう。

<記入文例>

> □ 貴社に家族・親戚の者が勤めている。
> □ 貴社内に知り合いがおり、その方の紹介で志望している。

履歴書　記入のチェックポイント

＊下書き後は必ずチェックし、担任と就職担当の先生に確認してもらうこと

A　記入欄と記載事項について

- ☐ 現住所の欄は、正しい住居表示で（アパート名やマンション名および部屋番号まで）省略せず記載したか。
- ☐ 学歴の欄に、卒業見込みも記載したか。
- ☐ 資格は取得年月順に、名称は正式名称で記載したか。
- ☐ 面接と同様のスタイルで撮影した写真を準備したか。
- ☐ 提出する際の封筒のあて先（会社名や担当部署）は間違いないか。

B　志望の動機の欄の記入について

- ☐ 志望した理由をわかりやすくまとめたか。
- ☐ 余白のないように、枠を一杯に使って記載したか。
- ☐ 主語と述語、文章のつながりなどに注意して読み返したか。
- ☐ 漢字で書ける語句は漢字で書いたか。
- ☐ 誤字や脱字はないか。

C　志望の動機のアピール内容について

- ☐ 志望する企業や希望の職種にふさわしい内容になっているか。
- ☐ 自身の得意分野や適性と関連づけた内容になっているか。
- ☐ 熱意が伝わるよう、自分自身の言葉で記載しているか。
- ☐ 面接を想定して内容を吟味したか。

＊先生の指導を受けてから清書し、提出前に必ずコピーをとっておくこと

就職者用履歴書

3. 志望の動機の指導例

before 機械系志望生徒の動機欄

　私は、家族から手先が器用といわれ、特に家電製品に興味・関心が
あります。そのため操作の方法を聞かれたり、ちょっとした不具合を
修理したりすることができるので重宝がられています。　　　　　　　①

　また、中学2年のときに、近隣の工場で職場体験を経験しました。

　会社訪問をしたとき、とても雰囲気がよく社員の方にも優しくして
いただきました。また、仕事内容もやりがいがあると感じました。　　②

　高校の電気科で学んだ知識や技術を活かして、御社でぜひ働きたい
と思います。貴社に入社できたら、先輩の指導をしっかり聞いて仕事
を覚えたいと思います。　　　　　　　　　　　　　　　　　　　　③

指導のポイント

①について

　日頃の手先の器用さに関するエピソードを志望動機とすることは、高校生
としてはよくあることで悪くはない。

　しかし、短期間ではあるがせっかく中学時代に職場体験をしているのだか
ら、そのときの感想や学んだことなどについて触れたほうが、真の意味で働
くということを理解していると相手に伝わるだろう。

　また、このことと高校の電気科に在学していることに関わりがあるのであ
れば、そこにつなげた内容にする。自分の進路について思いつきではなく、
主体的に考えているという印象をもたれる。

②について

　会社説明会での印象は社員の方が「優しい」や「親切」などに終始するの
ではなく、説明のなかで語られた事業内容についても記載しておきたい。高
校生にとっては馴染みのない内容でその全てを理解することは難しいかもし
れないが、多少なりとも興味をもった内容などに触れ、その印象も述べさせ
たい。もちろん、聞きかじりの知識の披露や誤解を招く表現は避けるよう適

切な指導を行う。面接時に、志望動機の内容について「詳しく説明してください」などと聞かれた際、答えることができず動揺することのないように準備させる。

③について

　高校の専門学科で学んだことが、就職後そのまま役立たない場合もある。会社が高校生に第一に求めるものは、専門的な知識や技術だけではなく素直さや若さあれる行動力ではないだろうか。

　職場内では年齢が若いので、これをおおいにアピールさせる。先輩の社員とともに意欲的に取り組んでいこうとする姿勢や若々しさを表現させたい。同時に、会社のために貢献し、将来は要となるような役割を担いたい、といった思いを持っていることも忘れずに記入させたい。

　会社を表す際、「御社」「貴社」と異なる記述が見られた。書くときは「貴社」、話すときは「御社」とするのが一般的である。

after

> 　私は中学2年のときに、近隣の工場で職場体験を経験しました。短い期間でしたが、働くことの基本的な姿勢や仕事に取り組む上での心構えと、職場の人と協力することの大切さを学びました。また、家電製品に興味があり、日頃から簡単な修理であれば自分でやっています。このことは高校の電気科に進学しようと決めたきっかけとなりました。
>
> 　会社説明会で、貴社は社会貢献度が高く、環境に配慮した事業展開をしていることを聞き、興味をもちました。また、「頑張ったら頑張った分を評価する」という話も印象が残っています。
>
> 　入社できましたら、私も明るさと若さを発揮し、自ら進んで貴社の社員の方々と協働し、さらなる発展のために精一杯頑張りたいと思い志望しました。

就職者用履歴書

227

私は、お菓子づくりが大好きです。休みの日には、いつも自分でレシピを見ながら楽しんでつくっています。失敗してしまうこともありますが、私がつくった菓子を家族や友人がおいしいといって食べてくれると嬉しくなります。 ①

また、高校2年の夏休みに近隣の製パン工場でアルバイトを経験し、もっと多くの人たちに自分のつくったものを食べてもらいたいと思うようになりました。 ②

貴社の製品は自宅近くのスーパーにあることから、以前から大変気に入っていてよく購入しています。貴社の工場見学に行ったとき、熱心に働いている方々の姿を見て、私も一緒に働きたいと思い、貴社を志望しました。 ③

指導のポイント

①について

自らが工夫して取り組んでいるお菓子づくりを通して、周囲の人たちとのコミュニケーション手段となっていることには大いに好感がもてる。お菓子作りに失敗したとき、工夫して取り組む様子などにも触れると自己アピールにもつながる。しかし、これに終始してしまうと職種への希望にとどまってしまうので、なぜその会社を志望しているか、自分の強みや興味を志望動機に結びつけ、どのように働きたいのかなどへとつなげるように指導したい。

②について

アルバイトの経験を記入する場合は、書き方を十分に注意させたほうがよい。高校時代、学業や部活動などの学校生活に積極的に取り組むことなく、単なる小遣い欲しさにアルバイトに精を出していたと誤解を招くおそれがあるからである。また、アルバイト経験が豊富で働くことを甘く考えている場合、大人社会を中途半端に理解したつもりとなり、会社にとっては生意気で

使いにくいという印象をもたれることもある。

　一方で、学校生活では得られない経験によるプラスの面もある。そういった事柄を具体的に述べていくことで効果的に活用できるので、表現の仕方に注意して記入させるようにする。

③について

　この会社で働きたいという気持ちが弱いと感じられてしまう。いつも商品を購入しているという消費者の立場として書いているが、紙面は限られているのでここでは詳しくは触れず、むしろ面接時に商品の良さや率直な感想などを述べたほうが、新鮮な視点が伝わる。

　また、地元でよく知られている会社であれば、会社案内に記載されている内容だけでなく、地域に根ざした会社の事業展開や実際に働いている方の声などを集め、こうした事柄についても触れると言葉に深みが増し、採用側にも企業研究の熱意が伝わるのではないだろうか。

　会社訪問時の様子などを聞き出しながら指導をすると、本人が気づかなかったような着眼点が見つかることがある。

after

　趣味のお菓子づくりを通して、自分なりに工夫することや、家族や友人に食べてもらうことを楽しみにしています。また、高校２年の夏休みに近隣の製パン工場でアルバイトを経験し、一緒に働いていた方々との関わりを通して、改めてものを作ることの楽しさや働くことの大切さを教えていただきました。このことがきっかけで、ものづくりに携わる仕事につきたいと考えるようになりました。

　貴社の工場見学に参加したとき、清潔な施設内で製品が次々に生産される様子を見て感動しました。さらに、そのなかで働いていらっしゃる社員の方々の真剣な姿と笑顔が印象的でした。また、商品名は地元の方が名付けたと聞き、親しみをもちました。私もぜひ貴社で働き、多くの方に喜ばれる製品をつくりたいと思い志望しました。

事務職志望生徒の動機欄

　私は、以前から事務関係の仕事を希望していたので、高校では積極的にいろいろな検定試験に挑戦し、以前から持っていた書道２段の他に、さらに２年のときに漢字能力検定２級と３年で情報処理技術者検定３級に合格しました。この資格を活かした仕事につきたいと進路の先生に相談したところ、貴社を薦められました。 — ①

　貴社の求人票を拝見し、業務内容に興味をもち、私もその仕事をやってみたいと思いましたので貴社を志望しました。 — ②

　入社できましたら、働きながら勉強をして資格試験に挑戦するなどスキルアップを目指したいと思います。 — ③

指導のポイント

　入学時から卒業後は事務職に就きたいと希望していた生徒である。複数の資格を取得しているだけではなく、高校生活で積極的に活動していたことも盛り込んだ内容にするように指導した。

①について

　いろいろな資格を取得したということは、実務上の能力の高さだけではなく、積極的に物事に取り組んだ証でもある。しかし、履歴書には別枠で記入欄が設けられているので、たとえそれが志望動機であったとしても、ここに詳細に述べる必要はない。むしろ、この資格を職場でどのように活用したいかについて記入させたほうがよいだろう。

　事務職に求められることは、几帳面な性格や正確な作業力や集中力などである。文化祭での会計係や生徒会の資料を正確かつ迅速に作成したことなど、高校生活のなかでの具体的なエピソードに触れながらアピールさせるとよい。

②について

　応募する会社を決定する際には、まず求人票を調べる。そこには、会社に関する最低限必要な情報が集約されている。しかし、それだけで応募を決定

するのは性急すぎる。必ず、会社見学をして詳細を見聞きして確認すべきである。会社側も、実際に会って説明したいことがあるはずだ。また、表面的な内容だけで応募する生徒よりも、実際に会社に訪れ業務内容や職場の様子を見聞きしている生徒のほうが、安心して内定を出すことができる。したがって、会社訪問時の様子を生徒に思い出させたり、その会社に就職している先輩からの情報収集を行ったりして、それらを踏まえた志望動機を記入させる。

③について

入社後も、資格取得などスキルアップを目指したいという前向きな姿勢は悪くはない。しかし、事前に求人票でそのための通学が可能であるか、何らかの支援が行われているかなどについての確認も必要である。

また、働きながら取り組むということは生易しいことではない。新入社員として一日も早く仕事を覚え、一人前に働けるように取り組む。上司や先輩の指導のもと、同僚と協調性をもって取り組み円滑な人間関係を結んでいくなど、多くの課題が待ち受けている。困難な事柄にも前向きに取り組む姿勢が職場で求められるということも伝え、指導したい。

after

> 私は目標に向けこつこつと取り組むことが得意で、生徒会の書記や文化祭の会計係として資料作成を行いました。また高校時代に情報処理技術者検定など、いくつかの資格を取得しました。これらを活かした事務関係の仕事を以前から希望しており、進路の先生に相談したところ貴社を薦められました。会社説明会で、貴社の基本理念の「発想を豊かにして働く」や「ピンチをチャンスに変える」について話を伺い、感動するとともに共感しました。さらに貴社は福利厚生が整い、資格取得を応援していることにも魅力を感じました。
>
> 私は、やる気と根気強さには自信があります。入社できましたら仕事を早く覚え、責任をもって一生懸命頑張りたいと思います。

就職者用履歴書

　私は小さい頃から店員さんになることに憧れ、お客さんに自分の大
好きな商品を買ってもらいたいという夢がありました。──①

　また、中学校時代から続けてきたバレーボール部では、仲間たちと
力を合わせて勝つために、言葉をかけ合いお互いの気持ちを察し行動
することを学びました。それが店員さんという仕事にも活かされると
思います。──②

　会社訪問の際、店員さんからいろいろな説明を受けました。そのな
かで、商品を売ることの大変さを感じましたが、皆さんが生き生きと
働いている姿を見て改めて私もやりがいを感じ、貴社を志望しました。──③

指導のポイント

　この生徒は、幼少期からの「夢」を実現したいとの思いを強くもっている。
販売業で求められることは、コミュニケーション能力、元気さ、笑顔、好印
象などである。これらを踏まえて高校生活の経験を具体的に盛り込みながら、
より説得力のある内容になるように指導した。

①について

　この「志望の動機」を読む相手は、一般的な販売会社（販売店）ではなく、
ある商品を扱う特定分野の企業であるはず。この文章では、「店員」になれる
ならどこの会社でもよいのでは、と採用側は考えるだろう。

　したがって、ここではこの会社（店）の商品の魅力を客に届けたいという
思いを、説得力のある書き出しで伝えたい。

②について

　高校時代にどのような勉強をしたか、どのような部活動や行事等で活躍し
たか。そして、そこから学んだものや得たものは何かを的確に表現できてい
る点は、とてもよい。特に、チームプレーのなかから学んだ「力を合わせる
こと」や「お互いの気持ちを察し行動すること」は、おそらく、どのような

職業についても求められる資質であろう。この高校時代に得たものを販売という職業のどのような場面で活かせるかを強調して書き加えたい。面接に臨んだときも、学校での活動なら語りやすいだろうから、このような経験を職業に結びつけて、しかも自分の言葉で語れるようにしておきたい。

③について

　会社訪問時の内容や感じたことを書くのは、採用側からは歓迎されるだろう。自社の何が生徒の意欲を喚起したのか等は、内部にいては得られない情報だからである。ただ、「いろいろな説明」ではなく、自分に新たな決意をさせた説明とは何なのか、「大変さ」とは何かを実際に聞いた言葉で書きたい。そして、「やりがい」につながる自分の役割はどこにありそうなのかを、自分の言葉で表現させておこう。

　「お客さん」「店員さん」を始め、全体的に幼い表現が多いので、辞書を使って書く努力をさせた。

after

> 　私は貴社の商品をいつも使用しています。貴社が開発した商品のデザインや機能性などが大好きで、家族や友人にも紹介してきました。その他の商品の特徴についても勉強し、販売員として多くのお客様にその魅力を伝えたいと思います。また、バレーボール部で培った仲間と力を合わせることや、お互いの気持ちを察して行動することは、販売の現場でお客様の気持ちに寄り添うこと、先輩方と協力関係をつくることにも活かされると思います。
>
> 　会社訪問の際の説明で、「品物ではなく心を届ける」という言葉を聞いて、この仕事の難しさを感じるとともに、夢の実現に向けて意欲がわきました。貴社の一員として、明るく笑顔で仕事に取り組んでいきたいと考え、志望しました。

就職者用履歴書

　私の家は飲食店を営んでいて、幼い頃からお店の手伝いをしています。そのため、将来は自分の店をもちたいという夢があります。 ── ①

　その経験を通して、お客様は大切だと思います。お客様にお店で食事をして良かったと感じてもらえる一番の理由は、やはり店員さんの接客だと思います。私は、接客を頑張りたいと思います。 ── ②

　入社した際には、多くのお客さんが楽しい時間を過ごせるように、常に目標をもって仕事に取り組んでいきます。 ── ③

指導のポイント

　この店は、地方を中心に大規模展開している和食店である。料理の内容も評価が高く、店員は着物で接客するために、入社後の社員研修が充実していると求人票に記載されていた。そこで日頃から飲食業の経営や接客の大切さを見ていた生徒は、研修で身に付けた作法や心くばりが顧客づくりにつながることを知って関心を寄せていた。その点を強調して記載することにポイントをおいた。また、内容が浅く全体的に幼稚な語彙が多いので、辞書で確認させたり、会社のパンフレットからキーワードを拾わせたりして文章を組み立て直すことにした。

①について

　飲食店の仕事がしてみたい、やがては店をもってみたいという意欲は理解できる。しかし、「なぜ接客の職を選ぼうとしたのか」の観点が弱いので、ここでは自らの体験等からその理由を考えさせた。

②について

　この文章では、接客の職につけるのならどこの会社でもよいのではと採用側は考えるだろう。そこで、「競合する他社とどこが違うのか」「会社がどこに力を入れているか」を問うたところ、生徒が実際に客として目撃したエピソードを語り出した。これを記載しない手はないので、「料理の内容」の評価

が高いことや、求人票にあった「社員研修」の充実等と合わせて記述させた。採用担当者にとっても貴重な現場情報だったかもしれない。

③について

「目標」に具体性がないことを指摘したところ、新入社員として「私のおもてなしでお客様に食事を喜んでいただきたい」という説得力のある書きぶりになった。また店長として経営にも関わっていきたいことを明示して、リーダー候補としての資質も垣間見られる書き方になるよう工夫した。さらに、面談で「接客力」という言葉を使っていたので、その言葉も盛り込むようにアドバイスした。

after

私の家は飲食店を営んでおり、両親の接客の様子を見て育ちました。店に立つと、食べ終えたお客様が、帰り際に笑顔で「ありがとう」の一言をかけてくれることがありました。一生懸命に対応すれば、接客業にはこんなに素敵な魅力があるのだと気づかされたのでした。

貴社は地産地消に力を入れています。貴社の店舗で私が食事をした際、海外からのお客様に笑顔で、しかも英語で丁寧に地元の食材を説明する店員さんの対応に感動しました。食事内容の評価だけでなく、社員研修に力を入れている貴社の一員になれたらと思った瞬間だったのです。

私は、私のおもてなしでお客様に食事を喜んでいただきたいのです。そして、心をこめた挨拶でお迎えし、お見送りができる「接客力」の高い社員になりたいと思っています。そのためにも入社後には、地元の食材への理解や着物での振る舞いなどをしっかり研修して仕事に取り組みます。

さらにその先では、お客様にとっての楽しい食事空間を演出できる店作りに貢献する店長になって切り盛りしていくのが夢です。

就職者用履歴書

　私はバイクが好きで、16才で免許を取りました。アルバイトをして
お金を貯めました。また家族に迷惑をかけないでバイクを買う約束を
しました。それまでは図書館でバイク雑誌を読んで、車体のタイプを
覚えたり、歩道橋の上からバイクが走行するのを見つけたりするのが
楽しみでした。 —— ①

　念願のバイクを購入するときから、販売店に行く機会が増え、説明
を聞くうちに、自分もこのように毎日、好きなバイクに接して、お客
様にその魅力を伝えていきたいと思うようになりました。 —— ②

　進路指導部の先生から渡された会社案内を見た結果、大手で、安定
していて、安心して働ける職場であると思い御社を志望しました。 —— ③

指導のポイント

　当初は自分の適性と職種がわからず、就職指導に遅れがちであったが、進
路指導室で就職担当者と一緒に求人票を開封したり、インターネットでハロ
ーワークの高校生求人情報を検索したりするなかで、やりたい仕事が絞り込
めた。運送関係や自動車関連の企業のなかには、自動二輪車や普通免許の事
前取得が条件となる場合がある。または入社後に取得に配慮した勤務態勢や
費用の補助を出す企業もあるので、求人票や会社案内を詳しく調べるとよい。

①について

　バイクに魅せられて、一日も早く乗りたいという思いから、地道に貯金を
して、専門知識を積み重ねてきた様子がわかる。しかし全体に稚拙な印象な
ので辞書を使って書く努力をさせた。なお「バイク」という表現は正式名称
の「自動二輪車」に書き改め、くどくなるところは思い切ってカットした。

②について

　文中に「その魅力」とあるが、具体的にどのようなことだろうか。ツーリ
ングなどと表現すれば、採用担当者に伝わりやすいだろう。またこの生徒は、

営業職がどのような仕事なのかをほとんど理解していないと思われる。実際に営業職の人に会ったり、インターンシップ経験で話を聞けたりするのがよいが、ネット情報からでも、営業職の概要や、働きがい、さらに営業の難しさや離職率の高さ等は調べられるはずである。整理させるためにも、時間をかけて自分の手と足と頭を使う努力をさせ、それを言語化させた。

一方で、バイクの愛好者は世代を超えて多い。ユーザーとの対話力も営業の成績と直結する。専門知識とコミュニケーション能力は営業職を目指す上で、重要なポイントになるだろう。

③について

企業研究の記述が「会社案内」だけでしかないような書き方や、自分自身の選択ではないかのような書き方は、誤解を生む。応募先の会社の内容をよく調べ、入社したいのはこの会社しかないという熱意が採用側にも伝わってくる文章で締めくくられるよう、表現の工夫をさせたい。

after

> 私は自動二輪車が好きで、それに関わる仕事につきたいと以前から思っていました。自分で運転できるようになってからは、販売店に行き説明を聞く機会が増えました。そのうちに、自分もこのように毎日お客様と接して、ツーリングなどの魅力を伝えていきたいと思うようになりました。
>
> 職場見学に行った際、貴社の社員の方から二つの話を伺いました。第一に営業販売の仕事については、常にアンテナを張り、深い知識を身に付けていくことの大切さです。第二に、顧客のニーズを覚えて必要な時期に適切な商品情報の提供ができるセールススキルの大切さです。
>
> 貴社の営業スタッフの仕事は、まさにバイクライフの「楽しさ」を提供し、お客様の「夢」と「希望」を創造する仕事であることを強く感じました。入社後は整備士の資格取得にも挑戦したいです。

介護職志望生徒の動機欄

昨年、おばあちゃんが寝たきりになったことをきっかけに、私は介護職に興味をもつようになりました。主にお母さんが介護していましたが、お母さんは次第に腰痛を訴えるようになり、このままでは母まで寝たきりになるのではないかと心配するようになりました。 ——①

そのときに利用したのが、貴社の訪問入浴介護でした。職員の方はおばあちゃんの目を見て声かけをしながら、丁寧にお風呂に入れてくれました。おばあちゃんも、お母さんもとても喜んでいました。私も嬉しかったです。 ——②

高齢社会を迎え、介護のニーズは高まっています。私は御社に入社しましたら、多くの人に求められる仕事ができるように頑張りたいです。 ——③

指導のポイント

高齢社会において、介護サービスの意義を体験的に理解している高校生の志望理由である。素直で心優しい生徒だが、残念なことに全体的に口語的な文章のために幼い印象がぬぐえない。例えば「おばあちゃん」は身内の言葉使いなので「祖母」に、「お母さん」も同様に「母」に、「御社」は「貴社」に直すことを指導した。また、面談で介護の様子を問いかけ、その時の心境を振り返らせ、適切な表現を使ってまとめることに時間を割いた。

①について

身内の病気やケガ等を契機に、看護職や介護職の道を選ぼうとする志望動機は多く見受けられる。特に介護職の場合は、その家族への支援という点も見逃せない。したがって、この文章のように、自分の経験からアプローチした書きぶりにすると、仕事への理解が深まっていることを伝えられるだろう。

面談の際にも、長く続く介護による負担を軽減するために何ができるか、答えられるように考えさせたい。

②について

　自分の家族が介護会社のサービスを受けたことが、直接の志望の決定につ
ながった。したがって、この経緯を記載すれば、採用側としては「自社のよ
き理解者」と判断してくれるはずである。職員のプロとしての対応力の描写
は、未来の生徒の姿に重なる。

③について

　最後は、介護を必要とする人たちから感謝の言葉がもらえるような努力を
重ねていく決意でしめくくった。また入社後のスキルアップを目指している
ことを明記することも、就業意欲の表れと受け止められよう。

after

> 　昨年、祖母が寝たきりになったことをきっかけに、私は介護職に関心
> をもつようになりました。主に母が介護していましたが、次第に腰痛を
> 訴えるようになり、このままでは母まで寝たきりになるのではないかと
> 心配するようになりました。
>
> 　そんなある日、貴社の移動式入浴サービスを受けることになりました。
> 気持ち良さそうな祖母と、何より印象的だったのは、介護に疲れていた
> はずの母の笑顔でした。介護される側、する側の負担を軽くできる在宅
> 介護サービスを提供している貴社の仕事は、手際よく、かつ、祖母の息
> づかいに合わせた丁寧な流れで、それは正に奇跡でした。ここでなら私
> も、全力で働けるという確信がもてました。
>
> 　入社したら、介護に関わる全ての人を幸せにするのが私の夢です。よ
> り沢山の人にサービスを提供できるように全力で介護の仕事をします。
> そして一日も早く介護福祉士の資格を取るのが目標です。

　父が日曜大工好きであることから、小さい頃から棚や犬小屋など様々な物を父と一緒に作るのが楽しみでした。夏休みの自由研究で作った青色の本棚は今でも使っています。 —— ①

　ものづくりに興味をもち、工業高校に進学し、建築を専攻しています。日本は地震が多く、かつ、木造建築が多いため、耐震対策がされて、火災にも強い家づくりが課題だと思います。部活は野球部に所属し、レギュラーを目指していました。 —— ②

　入社した際には、「正確に、早く」作業ができる大工になるために、一生懸命学びながら全力で取り組みたいと強く希望しています。 —— ③

指導のポイント

　工務店で建築職人として働くには、知識と技術に加えて我慢や辛抱が求められる。また、日々の大工道具の手入れなどが仕事の良し悪しにも影響してくる。さらに、家を建てる現場が自宅から近いとは限らない。現地に集合する際、遅刻は厳禁である。この生徒は、やや線が細く教室では目立たないのだが、部活動で培われた辛抱強さや用具を大切にする心、時間管理のできる態度は、必ず社会では活かされると励まし、自信をもって出願させた。

①について

　書き出しは、「なぜ建築の職を選ぼうとしたのか」という自らの体験等から始める形になっている。手作りの家具が生活を豊かにしていることが伝わってきて微笑ましい。この体験が工業高校への進学につながり、職業選択にもつながろうとしていることを強調させた。

②について

　工業高校で学んだ具体的な専門知識のことや、部活動での経験で得たことなどは書き落としてはならない項目である。この部分をもっと膨らませていくよう指導した。なお「部活」は「部活動」に改めさせた。

工務店では経験の浅い社員は、ベテランからの直接指導で仕事を覚える。だが現場では同僚のみならず、配線や資材等の搬入業者とも関わるだろう。そこで「協働」の大切さについての一文も入れさせた。

③について

なぜ「貴工務店なのか」が全体のどこにもない。「この工務店でなければならない理由」を問うた際に、生徒は説明会で社長が熱く語った言葉を思い出したので、最後の段落で書き入れるように指示した。

after

父が日曜大工好きであることから、棚や犬小屋などを作る父の手伝いをするのが楽しみでした。夏休みの自由研究で作った青色の本棚は今でも使っています。これをきっかけに私はものづくりに興味をもち、工業高校に進学し建築を専攻しています。さらに、建築を職業にしたいと考えるようにもなりました。

日本では耐震対策と火災に強い家づくりが課題だと思います。高校では、筋交いが強度に関係することの検証や文化祭での屋台作りを経験し、「安全に配慮した設計」や「製作する手順」の重要性を学びました。また、野球部ではレギュラーにはなれませんでしたが、厳しい練習に耐えながら無遅刻・無欠席を通し、用具管理の大切さも学びました。さらに、この仕事は様々な業種の人との協働で進める仕事ですから、高校時代の経験を活かしてチームワークを大切にすることを忘れないようにします。

私は説明会で伺った「見えないところにこだわりを」という貴社の施工方針に共感しました。決して手を抜かないという誇りを感じました。入社後はこの精神のもとに、「正確に、早く」作業できる大工になれるよう一生懸命に取り組みたいと思います。

就職者用履歴書

241

コラム　担任学研究会について

　1995年10月に、高等学校の教員を中心に立ち上げられた本研究会。特別活動や生徒指導などの教科外の教育活動を主なテーマに、定期的な例会・総会・学習会をもちながら、執筆及び研究活動を続け2020年に創立25周年を迎えました。

　本来、児童・生徒が集い学び合うのが「学校」です。しかし新型コロナウィルスによる集団感染防止のために、学校は閉鎖され、教育活動をリモートで行うという初めての経験をしました。ステイ・ホームが続くなか、遠隔で行う教科指導等にはないもの、人が集うことでしか学びえないかけがえのない大切なものがあったということに、多くの人が改めて気がついたのではないかと思います。

　本研究会の目指すところはまさにそこにあります。さらに、現場の実践を励ますために、理論と実践の融合を目指し、ネットワークを広げ、現場の様々な教育課題を皆で検討し合える場を提供していくことです。

　研究会の詳細は右のQRコードで担任学研究会のホームページをご覧ください。入会を希望される方は事務局長宛にメール（tatunak@gmail.com）で、①氏名（フリガナ）②職業（所属・役職）③連絡先（電話、メールアドレス、住所）をご記入の上ご連絡ください。

【最近の主な執筆活動】
○「月刊生徒指導」（学事出版）に連載を執筆
○『クラス担任が自信をもって「語る」12カ月』（学事出版）
○『高等学校生徒指導要録記入文例』（学事出版）

付録

ネガ・ポジ用語／文例用語集

1. ネガ・ポジ用語

　生徒の性格や行動の特徴などは、できる限り良い面を事実に基づき引き出して記載したい。同じ生徒でも視点によっては、短所（ネガティブな表現）にも長所（ポジティブな表現）にもなりうる。例えば「文化祭ではリーダーシップを発揮して……」等、具体的な行動場面と結びつけて個々の生徒の良さを表現できるとよい。文脈に応じて最適な表現を工夫しよう。

①明朗・活発

ネガティブな表現	ポジティブな表現
・うるさい ・騒がしい ・おしゃべり	・明るい　・活発な　・元気がいい　・活力ある ・明朗快活　・無邪気　・発想が豊か ・根が明るい　・友人の輪の中心に入るような人物 ・社交的　・頭の回転が速い　・はきはきしている ・リーダーシップがとれる　・場を盛り上げる
・軽はずみ ・落ち着きがない	・積極的　・行動的　・活発な　・物おじしない ・決断が早い　・考えるよりも体を動かす方を好む ・こまめに動く　・労を惜しまない　・活動的 ・体を動かすのを厭わない　・フットワークが軽い
・お調子者 ・調子がいい ・調子にのりやすい	・のりがいい　・行動的　・雰囲気を明るくする ・陽気な　・立ち直りが早い　・前向きで協力的 ・何事にもよく気がつく　・何でもこなす ・気が利く　・何事にも意欲的　・愛想がよい ・人なつこい　・型にはまらぬ伸び伸びとした ・開放的な性格　・柔軟性がある ・他人の世話が好き　・不屈の闘志をもつ ・些細なことにこだわらない　・好奇心旺盛 ・ユーモアのセンスがある　・天真爛漫

・外面（そとづら）がいい	・協調的な　・社交的な　・誰とでも打ち解ける ・明るい　・溶け込みやすい　・人付き合いが上手
・強引な ・ずうずうしい	・積極的　・押しが強い　・堂々とした ・リーダーシップがある　・エネルギッシュな ・活力あふれる　・何事にも積極的　・頼りにされる ・率先して行動する　・自分でどんどん解決する ・世話好き　・行動的で決断力もある
・いたずら	・無邪気　・活動的で元気がいい　・こまめに動く ・労を惜しまない　・行動的
・短気である ・気性が激しい ・興奮しやすい	・元気が良く情熱的　・思い切りがいい　・一生懸命 ・正義感が強い　・行動力がある　・決断が早い ・感受性豊か　・情熱的な　・人情がある ・思いやりのある　・敏感な
・目立ちたがる ・自信過剰	・しっかり者　・自分をもった　・自己表現が豊かな ・信念がある　・自信に満ちた　・自分に自信がある ・自己主張できる　・堂々としている ・自立心がある　・常に率先して行動する ・物おじしない　・目の前にあるものに精力を傾ける ・何事にも積極果敢に突き進んでいく ・行動によって存在を示すタイプ
・計画性がない ・よく考えない ・気まぐれ ・責任感がない	・発想が豊か　・アイデアマン　・応用力のある ・型にはまらない　・のびのびとした　・自由人 ・やると決めたらやり通す　・根が明るく行動的 ・行動的な　・物おじせずに立ち向かう ・開放的な性格　・好奇心旺盛で活力にあふれる ・無邪気な　・こだわりがない　・悠々自適

②おとなしい・消極的

ネガティブな表現	ポジティブな表現
・おとなしい ・消極的 ・地味な	・もの静か　・落ち着いている　・動じない ・慎重　・冷静　・繊細な　・節度ある ・地味で控えめ　・自分の世界を持っている ・堅実な　・謙虚　・芯が強い　・情緒が安定 ・思慮深い　・周囲に流されずこつこつ取り組む ・素朴　・朴訥　・周囲をよく観察している ・縁の下の力持ち　・秘めた情熱をもっている ・その底に芯を持っている　・穏やかな ・派手さはないが陰日向なく　・平和主義
・無口な	・穏やかな　・話をよく聞く　・聞き上手 ・黙々とこなす　・考え深い　・地道に取り組む ・多弁ではなく内省的　・ひかえめな　・落ち着いた ・口数が多いほうではなく、おっとりしている
・独りぼっち	・ひかえめな　・おっとりしている　・自立した ・物事に動じない　・冷静　・独立心がある
・引っ込み思案 ・人付き合いが下手	・慎重かつ丁寧　・思慮深い　・芯が強い ・静かな雰囲気を持っている ・心の世界を大切にする　・細やかな心をもつ ・打ち解けた仲間に対してはたいへん誠実で優しい
・優柔不断 ・臆病	・真剣に物事を考える　・慎重に行動する ・綿密　・用心深い　・きちんとしている ・洞察力に優れる　・状況に応じた行動をとる ・広い視野がある　・他の意見を尊重する ・着実　・最良のことを常に考える

③温厚・穏やか

ネガティブな表現	ポジティブな表現
・お人好し	・人の気持ちを考える　・細かい気遣いができる ・気が利く　・人の面倒をみるのを苦にしない ・優しい　・周囲を惹きつける魅力的な人柄 ・他人に対して寛容　・溶け込みやすい ・気さくで人情味がある　・人当たりがいい ・物腰が柔らかい　・思いやりがある ・周囲への心配りを忘れない
・人に左右されやすい	・物わかりがよい　・環境に順応しやすい ・人を大切にする　・周囲の状況に気を配る ・柔軟性がある　・心配りができる　・細やかな ・素直な性格　・人の気持ちをくみ取るのが上手 ・実直で人の話を素直に聞く　・協調性がある
・断れない ・意見が言えない	・争いを好まない　・他人の意見を尊重する ・共感的な　・相手の立場を尊重する ・融和的　・協調性がある　・協調性豊かな ・思慮深い　・寛大な　・人のために尽くす ・受容的な　・何でも素直に受け入れる
・いい加減 ・考えが浅い	・おおらか　・クヨクヨしない　・こだわらない ・大陸的な人柄　・寛大　・楽天的　・率直な ・無邪気　・些細なことにこだわらない ・悠々自適
・気が散りやすい ・集中できない	・いろいろなことに興味をもつ　・好奇心旺盛 ・環境になじみやすい　・視野が広い　・従順 ・気が回る　・何でもできそうな

ネガ・ポジ用語

④まじめ

ネガティブな表現	ポジティブな表現
・かたい ・きびしい	・律儀　・礼儀正しい　・礼節をわきまえている ・実直　・自分をもっている　・まじめで努力家 ・誠実　・努力を怠らない　・まっすぐな心の持ち主 ・謙虚　・行動は模範的である　・裏表のない性格 ・潔い　・目上の人間に対する礼儀を心得ている ・模範的　・常識的　・公正なものの見方ができる ・几帳面　・けじめをつけることができる ・責任感がある　・正義感がある　・義理堅い ・曲がったことが嫌い　・分別をわきまえている ・信頼がおける　・真剣で地道に取り組む
・勝ち気 ・えらそうな	・物知り　・堂々としている　・兄貴（姉御）肌 ・向上心がある　・一生懸命　・努力を怠らない ・頑張り屋　・努力家　・何事にも意欲的 ・何事にも手を抜かない　・努力を惜しまない ・前向き　・負けず嫌い　・リーダーシップがある
・頑固	・意志の強い　・一貫性がある　・信念がある ・自分をもっている　・きまじめな ・曲がったことが嫌い　・易きに流れない ・何事にもしっかりと取り組む ・何事にも手を抜かない　・最後までやり通す
・凝り性	・粘り強い　・集中力がある　・確実にやり遂げる ・芯が強い　・納得がいくまで全力で取り組む ・徹底的に取り組む　・自分の限界に挑戦している ・目標を定めて自分自身を高めてゆく ・忍耐強い性格　・決心したことは粘り強く取り組む

⑤マイペース

ネガティブな表現	ポジティブな表現
・のんびりした ・空気が読めない	・自分らしさをもっている　・自ら考えて行動する ・自分の世界をもっている　・周囲に流されない ・細かいことにこだわらない　・何事にも動じない ・興味をもったことには努力することができる ・好きなことには集中する　・集中力が高い ・ささいなことにはこだわらない　・地道に取り組む ・個性的で感性が鋭い　・目標達成に向け努力する ・信念がある　・頑張りと情熱を秘めている ・周囲に左右されず、自分の意思を貫く ・芯が強く独創性がある　・自分のペースで取り組む ・おおらかである　・マイペース ・何事も長く続け、成果を出している ・冷静　・こつこつと築き上げるタイプである
・ぐずぐずしている ・物おじする	・着実　・綿密　・念入りにことを行う ・用心深い　・納得がいくまで取り組む ・石橋をたたいて渡る性格である ・物事の筋道を考えて判断をすることができる
・心配性	・慎重　・神経が細やか　・人に気が配れる ・綿密　・繊細　・細かいところによく気づく ・気が利く　・思慮深い　・用心深い
・独りよがり ・こだわりが強い	・しっかり者　・物おじしない　・自主性がある ・くじけない　・自分の考えをもった　・自信がある ・一貫性がある　・自分に厳しい ・最後まで手を抜かず、やり遂げる責任感がある

2. 文例用語

①学習面

〈学習全体〉

- ・成果が顕著に表れている
- ・確かな実績を残している
- ・素直で意欲的に学ぶ
- ・向上心をもって学習に取り組んだ
- ・次第に実力をつけている
- ・実力として身に付いている
- ・自主勉強を続けて努力した
- ・苦手科目はより努力を重ねた
- ・進路希望が明確になり、授業に対する姿勢がより前向きになった結果、成績が大きく向上した
- ・学業に対する姿勢も良好で、向上心が強いため成績も優秀である
- ・何事にも努力を惜しまず、学業成績は着実に向上した
- ・それぞれの科目に成果が現れている
- ・遅刻がほとんどなく、併せて成績も向上した
- ・1年より2年、2年より3年と伸びている
- ・好き嫌いはあっても決して手は抜かない
- ・全ての分野に満遍なく力を注いだ
- ・どの科目も前向きに精一杯取り組む
- ・努力により、結果として得意科目となる
- ・自分なりの取り組みで成果を出す
- ・基礎と基本をきちんと押さえている
- ・着実に実力を蓄えて確実なものとする

〈文系科目〉

- ・豊富な読書量である
- ・論理的な思考に秀でる
- ・歴史的な思考力に優れる
- ・豊かな語彙をもつ
- ・文章表現力に富む
- ・古典への深い理解がある
- ・国際理解への志向性が強い
- ・語学に興味がありコミュニケーション力も高い
- ・英語では優秀な成績を修め、海外の生徒とも交流を深めた

・社会の多くの事象に強い関心をもっており、地理学を通じて地域文化や現地研究などを深めていきたいと考えている

〈理数系科目〉

・計算能力に優れている　　　　　・分析する能力が高い

・地球環境への問題意識が高い　　・帰納的思考ができる

・省エネ問題に対する科学的な関心をもち、自らも実践している

・事象を数学的に考察する能力を養い、数学の良さを認識した

・目的意識をもって観察・実験を行い、科学的に探求する能力と態度を育成した

〈保健体育・芸術科目〉

・実技科目の成績が良い　　　　　・長距離の走力に優れる

・独創的な視点をもつ　　　　　　・初見での演奏ができる

・優れたピアノ演奏技術で、常に授業をリードした

・持ち前の体力と気力を活かしている

・自らの健康や体力に強い関心をもっている

・スポーツへの志向性から人体のしくみ・動き、そして技能向上のための科学的研究などに強い関心を抱くに至った

〈専門科目〉

・建築設計や構造への関心が高い　　・丁寧で緻密な図形が描ける

・パソコンの授業に興味・関心をもって取り組み、自分の職業にもそれを活かしたいと考えるようになった

・学習面では情報系の授業を積極的に選択し、成果を上げた

・プログラミングやソフトウェア技術を獲得した

・3年生の自由選択科目で調理の授業を選択するなど、調理には以前から関心を持っており、専門性の高い寿司・和食の職人を目指している

・在学中にホームヘルパー2級の資格を取得し、自己実現を果たした

・環境と農業に関する学習を通して科学的な見方と実践力を身に付けた

・手先が器用で、技術専門校への進学を希望している

②特別活動

〈ホームルーム活動〉

・諸活動や学校行事でも常に中心的存在で、持ち前の前向きな積極的姿勢で良い雰囲気のクラスづくりに大きく貢献してきた

・ふだんはあまり目立たないが、周囲に細やかな気配りができる

・明るさと優しさを持って周囲の人に接し、良好な交友関係を築き学校生活を充実させた

・明朗・温厚な人柄ゆえ、まわりの皆から愛されている

・授業や学校生活に対する真剣さは、他の生徒の模範である

・仕事を任せておけば間違いないという信頼感がある

・情緒が安定し落ち着きがあり、集団の中心として友人から信望が厚い

・クラスを活性化させ、グループの中心として温かい雰囲気を醸し出す

・リーダーシップを発揮しながら、常に周囲への心配りを忘れない

・クラスみんなを巻き込みながら盛り上げてゆく

・クラスのためによく尽くした

・クラスではサブリーダー的な存在である

・周囲の意見に耳を傾け、自分の取るべき道を進んで行ける

・自分に与えられた仕事を誠実に果たす

・嫌な顔一つせずに奉仕の心で様々な業務をやってくれる好人物

・彼の一言でクラスが和むムードメーカーの一人である

・クラスの和を大切にする協力的な人物　・雑務を一手に引き受ける

〈生徒会活動〉

・委員の枠を越えて活動した　・委員会では全体の手足となって動いた

・読書が好きで3年間進んで図書委員を務めた

・3年間保健委員を務め、健康診断では養護教諭のサポートや後輩の指導など重要な役割を果たした

・美化委員として、トイレットペーパーやせっけん補充を地道に行った

・生徒会会計として、生徒会費の適切な使用について各部へ説明した

〈学校行事〉

- ・脇役として皆を盛り立てた
- ・裏方としてよく努力をした
- ・まとめ役として努めた
- ・クラスの中堅として働いた
- ・リーダーを補佐して援助を惜しまない
- ・中心となって周りを引っ張っていく
- ・自分の立ち位置をよく理解し、努力して動いた
- ・学業はもちろん、学校行事等にも極めて真摯に取り組んだ
- ・必要な場面で、自分の意見を順序だてて表明できる
- ・他人をうまくサポートし、行事等で活躍した
- ・クラスを優勝に導く要の役割を果たした
- ・文化祭ではクラスの代表として責任ある行動をした
- ・文化祭クラス企画の責任者を快く引き受け、自らのアイデアを積極的に出しながら精力的に行動した
- ・手先の器用さと一度始めたら納得がいくまでやり続ける集中力を活かし、文化祭では3年間通して装飾係を率先して行い、高い評価を得た
- ・文化祭の企画、立案や準備、調整に走り回った
- ・自分の当番以外の時間帯にもクラスのために働き、貢献した
- ・人の敬遠する仕事にも積極的に取り組み、一人になってもやり遂げる意志の強さがある
- ・修学旅行で民泊を経験し、沖縄の文化や地元の方と親交を深めた
- ・修学旅行では食事係として配膳を行うなど、皆のために尽くした
- ・体育祭では、応援団として競技の応援に全力を尽くした
- ・新入生歓迎会では、新入生を迎える温かい司会ぶりが好評だった
- ・合唱祭では周囲に気を配りながら、見事に指揮を行った
- ・与えられた仕事は責任をもってこなし、卒業式受付に立候補するなど積極性もある
- ・ホームルーム合宿では、最初は遠慮がちではあったが次第に打ち解け、班員と協力して昼食づくりや班活動に参加し親睦を深めた

③その他

〈部活動〉

- ・中学生のときからバレーボールに熱心に取り組み、更なる自身の精神的・技術的向上を目指してよく努力した
- ・3年間ソフトボールの部に所属し、瞬時の判断に優れたキャッチャーとして顧問教師から評価された
- ・部活動に熱心に取り組みながら学業でも優秀な成績を修め、余裕も感じられる
- ・3年間、演劇部に所属し、自分なりの目標をもって活動に取り組んだ
- ・男子バスケットボール部マネージャーとして気を配り、部員の活躍をサポートした
- ・在学中はダンス部での活動に打ち込み、友人と協力しながら文化祭等の舞台を成功させた
- ・硬式野球部ではキャプテンとして部を引っ張るとともに、攻守にチームの要として大いに活躍した
- ・部員集団を見事に組織し、サッカー部主将として熱心に活動した
- ・仲間や後輩への指導が丁寧であったことから、信望を集めた
- ・剣道部に3年間所属し、体力と精神力は人一倍強く持っている
- ・陸上競技部に所属し厳しい練習のなか、3年間最後まで頑張り抜いたことが大きく評価できる
- ・少人数の部活動であったが、部員同士の絆が強く協力して役割をしっかり果たし、文化祭では優秀賞を受賞した
- ・周囲の部員がどんどん退部していくなか、3年間最後までやり抜いた
- ・どちらかといえば無口であるが、黙々と練習に励んだ
- ・初心者であったが、基礎練習にも熱心に取り組み、3年次には力をつけて後輩の育成に力を注いだ
- ・自分のことだけではなく、部員みんなの面倒をみた
- ・休まず、遅れず、怠らず、3年間頑張った

〈ボランティア活動〉

- ・福祉一般に興味をもっている
- ・社会福祉協議会のボランティア養成講座に参加したことをきっかけに、可能な範囲でボランティア活動に参加している
- ・ボランティア体験活動等の学校外における自主的な活動を通じ、奉仕について学んだ
- ・課外活動として地域清掃ボランティアリーダーを務めた
- ・公立高齢者住宅サービスセンターに志願して奉仕活動を行い、大きな成果を得てきた
- ・救急救命の講習を進んで受講するなど、何事に対しても積極的である
- ・宿泊防災訓練では、防災に関する意識を高めるとともに、自助と共助の精神について学んだ
- ・子ども好きであることから、夏期休業中に近隣の保育園での体験実習に参加し、保育士の仕事に興味をもつようになった
- ・地域のお祭りに実行委員として参加し、他校の生徒とともに誘導や清掃活動を行った
- ・早朝登校し、有志の生徒で学校周辺の清掃活動を行った
- ・近隣の児童館に放課後出向き、小学生と遊んだり学習指導を行ったりした。将来は小学校の教員になることが夢である

〈校外の活動〉

- ・地域で習っていたトランポリンで大変優秀な成績をおさめた
- ・小学校の頃から地域の道場に通い、現在は柔道2段の腕前である
- ・地元の和太鼓の集まりに参加し、様々な年齢の方と交流を深めた
- ・幼いときから所属するスイミングクラブ主催の記録会に参加し、記録を更新して入賞を果たした
- ・数年前から祖母に茶道を習い始め日本文化に親しむきっかけとなった
- ・和装に興味をもち、浴衣の着付けを習い地域活動にも貢献した
- ・地域のサッカーチームに所属し、小学生の指導にもあたっている

執筆者一覧（五十音順）（◎は編著者。勤務先および肩書は執筆当時で掲載）

石川真理代	東京都立田園調布高等学校
上野　隆彦	東京都立豊多摩高等学校
菊山あずさ	東京都立井草高等学校
木田　秀人	東京都立狛江高等学校　副校長
小西　悦子	東京都立光丘高等学校・東京外国語大学非常勤講師
小林　雅実	東京都立保谷高等学校
佐々木彬人	東京都教職員研修センター
関口　武史	東京都立竹早高等学校
高橋　伸明	東京都立新宿高等学校
中沢　辰夫	横浜美術大学・東京未来大学非常勤講師
松田　勝	元東京成徳大学非常勤講師　元東京都立五日市高等学校長
村木　晃	東京学芸大学・実践女子大学非常勤講師
八重樫麻里子	東京都立荻窪高等学校
◎柳　久美子	東京都教育相談センター　元東京都立芦花高等学校長

＊本書の内容は2020年6月現在に執筆されたものです。
＊大学入学共通テストの内容や大学入試全般の変更については、文部科学省のホームページ等で最新の情報を参照してください。
＊本書に掲載されている一部のテキストデータがダウンロードできます。下記のコードを読み取り、学事出版のサイトにアクセスしてください。
＊本文及びダウンロードデータの著作権は担任学研究会にあります。このデータを許可なく商用に用いたり、第三者に譲渡したりすることは禁止します。

高等学校　調査書・推薦書記入文例&指導例
活動報告書・大学入学希望理由書・学修計画書から就職者用履歴書まで

2020年8月10日　初版第1刷

著者　担任学研究会
発行者　花岡萬之
発行所　学事出版株式会社
〒101-0021　東京都千代田区外神田2-2-3
電話　03-3255-5471（代表）
http://www.gakuji.co.jp

編集担当　戸田幸子　　編集協力　工藤陽子
装丁・目次レイアウト　亀井研二
組版・印刷・製本　新日本印刷株式会社

ISBN978-4-7619-2642-7　C3037

（表）

調　査　書

1. 氏名・学校

ふりがな	がくじ　いち	性別
氏名	学　事　一吉	男

昭和・平成　○年　○月　○日生

学校　国立　○○学校　高等学校・中等教育学校（後期課程）　5年　2

現住所　○○都道府県　○○市区　○○町村　○○丁目　○番　○号

大学・編入学・転入学（第　学年）

平成　○年　4月

平定合計・留学による修得単位数計　86

3. 各教科の学習成績の状況

教科	国語	地理歴史	公民	数学	理科	保健体育	芸術	外国語	普・家庭	普・情報
学習成績の状況	4.1	4.0	3.0	3.6	4.0	4.2	4.0	4.7	4.0	4.0
教科										
学習成績の状況										

全体の学習成績の状況　4.1

成績段階別人数

段階	A	B	C	D	E	合計
人数	26人	124人	147人	22人	0人	（　　人）319人

5.0～4.3	A
4.2～3.5	B
3.4～2.7	C
2.6～1.9	D
1.8以下	E

4. 学習成績概評

B

総合的な探究の時間における当該生徒の活動内容及びその評価を学年ごとに具体的に記入する。その際、各学校が設定した評価の観点及びそれに基づいた評価を記入する。高等学校では記入しない。

※ 大学が必要な事項を記入するための欄。高等学校では記入しない。

総合的な探究の時間

活動内容

・1年次の「地域貢献」の授業ではフィールドワークを実施し、「ふるさと祭り」の集客の課題に着目して、の改善策を検討した。当日は関係者と協力し、市の実行委員会にも班員とともに参加し、子どもたちを楽しませる企画を提案した。
・2,3年次の「探究」の内容では、大学生の生活やキャンパスライフを調査した。生団体に依頼して、複数の大学の学内見学やインタビューも行い、学部によって講義や実験の時間帯が違うことを協力してまとめた。

評価

・本校では、仲間と協働して課題解決に取り組む実践力を育むことを目標にしている。
・1年次では、実行委員会に参加し具体的な企画に関わる中で、課題発見能力や企画力を向上した。関係者から世代を超えて楽しめる祭りになったと評価された。
・2,3年次では、調査結果を班員と協議しまとめた。3年次の発表会では複数学部を比較するポスターセッションを行い、わかりやすく説明することができた。これによって、本人のみならず、同級生の上級学校に対する意欲を高めた。

6. 特別活動の記録

	第1学年	第2学年	第3学年	第4学年
(1)学習における特徴等	保健委員として、体調不良者への声かけやケガや所在の友達に付き添う姿を何度も見かけた。他者の心事を気遣うなど、ホスピタリティ精神をもった行動が多くみられた。	修学旅行では班長と班員との連絡・相談を徹底し、情報共有が進み、これがきっかけとなって生徒間のつながりも強固になった。		
(2)行動の特徴、特技等			学校行事に積極的な。掲示係を務め、分類ごとにクラスの生徒が見やすいように掲示した。期限が遅くても掲示物については担任の指示がなくとも取り外すなど、判断や整理力が高まった。	
(3)部活動、ボランティア活動、海外経験等			サッカー部に所属し、日々の基礎練習や夏の強化練習や合宿にも積極的に参加した。技術とともに精神力を鍛えた。また、大きな声であいさつや挨拶をする姿は同級生の模範となった。	
(4)資格取得、検定等	アメリカからの交換留学生と話す機会を得て、英会話に興味を持った。積極的に英会話に取り組み、話す英語から読む書くことへと発展、大学では英文学科を志望するようになった。 日本英語検定協会主催 準2級			
(5)表彰・顕彰等の記録	特になし。			
(6)その他	特になし。			

（左側の注記）

指導要録の同欄のことと、6項目の内容について具体的に記入する。

保健委員会や生徒会活動、クラブ活動、学校行事等における役割や活動の状況について記入する。枠の大きさや文字の大きさは任意である。

氏名や委員会名、生徒会活動名、学校行事名など、活動の具体的な内容や児童生徒が果たした役割、活動の状況について記入する。枠の大きさや文字の大きさは任意である。

（右側・下部の注記）

学校内外の活動の状況や各種活動の具体的な内容や特徴などを記入する。

部活動やボランティア活動等活動に関して、取組期間、その活動における特徴的な実態や具体的な内容を記入する。

部活動やボランティア活動等活動の状況や各種大会等の国名、学校名を記入する。留学に関しては、留学先の国名、学校名、留学期間を記入する。

(1)～(5)以外……

(4)資格取得、検定等に係る各種大会やコンクール、時期等や内容を記入する。

(5)表彰・顕彰等に係る各種大会やコンクール、時期等や内容を記入する。

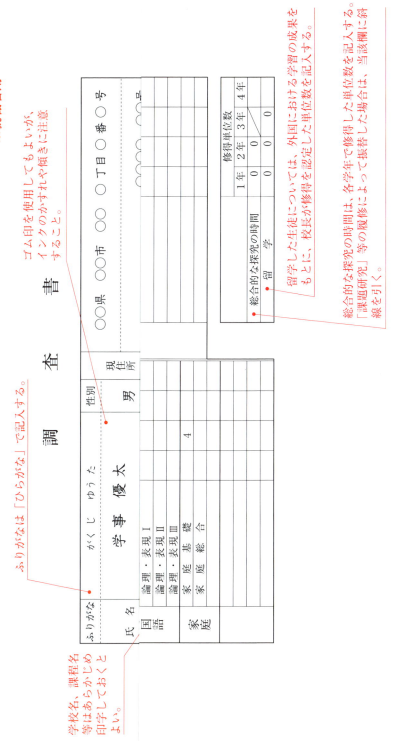

※就職者用

調　査　書

ふりがなは「ひらがな」で記入する。

ゴム印を使用してもよいが、
インクのかすれやすれや傾きに注意
すること。

学校名、課程名
等はあらかじめ
印字しておくと
よい。

ふりがな		がくじ	ゆうた	性別	現住所	○○県　○○市　○○　○丁目○番○号
氏　名		学　事	優　大	男		○○○○　○○号

国語	論理・表現Ⅰ				
	論理・表現Ⅱ				
	論理・表現Ⅲ				
家庭	家庭基礎	4			
	家庭総合				

	修得単位数			
	1年	2年	3年	4年
総合的な探究の時間	0	0		0
留　学		0	0	

留学した生徒については、外国における学習の成果を
もとに、校長が修得を認定した単位数を記入する。

総合的な探究の時間は、各学年で修得した単位数を記入する。
「課題研究」等の履修によって振替した場合は、当該欄に斜
線を引く。

指導要録に記された内容を尊重しながら、直近の活動や希望職種に直接関わる内容がある場合はそれを具体的に記入する。

指導要録から転記する。卒業見込みの場合、最終学年の欄については、直近の学期末現在の欠席日数を記入する。

（応募書類　その2）

出席状況		1年	2年	3年	4年
	欠席日数	10	3	0	
	欠席の主な理由	1年次：交通事故による入院　2年次：風邪、発熱			

特別活動の記録	ホームルーム運営委員としてクラスをまとめる（1年次）。修学旅行委員会の副委員長として修学旅行の運営に尽力した（2年次）。アルバム委員として卒業アルバム作りに、意欲的に活動した（3年次）。

身体状況				検査日・平成　令和　○年　○月	
身長	157.0cm	視	右 A（　）	聴	右 異常なし
体重	49.5kg	力	左 A（　）	力	左 異常なし
				備考	特記事項なし

（視力欄にA〜Dが記入されている場合、A：1.0以上、B：1.0未満0.7以上、C：0.7未満0.3以上、D：0.3未満を表す）

生徒健康診断票の最も新しい記載事項に基づいて記入する。

生徒健康診断票の記載事項で、特に必要と認められる事項があれば記入する。

指導要録の特別活動の記録

どの教科・科目にもよく努力を続ける。特に数学と英語と商業科目については、学習の成果が確実に出ている。論理的思考に優れている。

本人

単純な